爆款抖音短视频

吕白 著

机械工业出版社
CHINA MACHINE PRESS

做出爆款抖音短视频的关键是什么？是拍摄？是剪辑？还是后期制作？其实是内容。

本书作者在内容行业从业多年，有着丰富的抖音运营经验。全书重点从算法、定位、人设、选题、内容结构、标题、评论、实用工具等方面手把手教你如何打造爆款抖音短视频，并对抖音变现的方法进行了介绍。

本书适合自媒体运营人员、新媒体平台工作人员，以及想通过抖音进行营销的淘宝卖家、个体店家等阅读和学习。

图书在版编目（CIP）数据

爆款抖音短视频／吕白著．—北京：机械工业出版社，2021.6
ISBN 978-7-111-68406-0

Ⅰ.①爆⋯ Ⅱ.①吕⋯ Ⅲ.①网络营销 Ⅳ.①F713.365.2

中国版本图书馆 CIP 数据核字（2021）第 107857 号

机械工业出版社（北京市百万庄大街22号 邮政编码100037）
策划编辑：解文涛 责任编辑：解文涛 朱鹤楼
责任校对：李 伟 责任印制：李 昂
北京联兴盛业印刷股份有限公司印刷
2021年7月第1版第1次印刷
145mm×210mm·7.875印张·3插页·127千字
标准书号：ISBN 978-7-111-68406-0
定价：69.80元

电话服务 网络服务
客服电话：010-88361066 机 工 官 网：www.cmpbook.com
　　　　　010-88379833 机 工 官 博：weibo.com/cmp1952
　　　　　010-68326294 金 书 网：www.golden-book.com
封底无防伪标均为盗版 机工教育服务网：www.cmpedu.com

前　言

（一）

2017年12月，在和一个声音交友App平台的一次看似普通的合作中，我初次试水了短视频。

记得那次我们讨论了很长时间都没有得出一个令人满意的提案，最后我说，我们能不能不要那么小家子气，我们能不能做一个有社会价值的活动？

说的时候其实我心里是没底的，因为预算太低了，后来又讨论了一个多小时，我们终于定了一个短视频选题：

"万人恋爱盲测实验室"——我们能不能谈一场不看年龄、不看职业、不看收入……的恋爱。

活动发布以后，即使在微博热搜下架的时候，也很快冲到了全平台近亿的阅读量和近千万的播放量，很多大V都进行了转发。甚至后来多家电视台及其他媒体跟进报道，最后居然成了公务员考题！

我们以不到20万元的预算成功出圈，那个App的排名迅速上升。我们的微信公众号后台收到了几百页的留言，

前言

几十字、几百字，都在讲自己的经历、感悟，当时我们高兴得整夜睡不着。

那是我第一次意识到短视频的威力。

（二）

第二次是我原来所在的公司最开始带我的师姐策划了一个毕业季的视频。

视频讲了一个学生毕业以后和好朋友渐行渐远的故事。初看这个剧本的时候我感觉就图文而言不会大火，播放量最多10万+，后来拍出视频上线后，播放量从1000到5000、10万、20万、100万、1000万，然后到1亿、1.5亿、2亿！

最后600多万点赞量，2亿播放量，意味着每7个中国人就有一个人看过这个视频。

这时我才意识到，我写文章最多会有几百万阅读量，已经是行业的前1%，而短视频可以达到2亿播放量，是我的上百倍。

2亿阅读量是我靠图文一生也达不到的高度。

那一刻我意识到，一个通往崭新时代的大门要打开了，短视频可能会颠覆以往所有的传播形式，它可能会有无比巨大的传播力。

那天晚上，我盯着屏幕，想我要不要放弃在一个行业里靠之前努力获取的超高溢价，想我还有没有在一个全新的领域从零开始的勇气，想我还能不能在一个领域里快速成为专家。我还能不能？

然后我出门，抬头看天，数了数星星，飞奔起来。

（三）

最终我拒绝了几个新媒体公司副总裁和大公司新媒体负责人的邀请，去了腾讯，参与了腾讯系短视频从 0 到 1 的发展过程。

我开始真正了解平台，开始从 0 到 1 搭建一个平台，开始制定平台规则，开始着手建立内容生态，这时我才发现创作者和平台之间的思维差别就像是马里亚纳海沟的深度一样。

在和创作者沟通后我发现，其实 90% 的创作者是不了解平台的，或者说不完全了解平台。

某种程度上他们在揣测平台，他们沉淀下来的 10 条法则里，可能只有 3 条是有效的，剩下的 7 条其实是无效的。我希望这本书可以帮助大家避免一些无效的努力，帮大家找到真正的短视频运营法则。

（四）

在这个时代，有些人曾经默默无闻，但是新的平台让他们一夜爆红、火遍大江南北，成为无人不知、无人不晓的人。有些人一生都很认真努力，但一直不被人发现。

可以说选择行业是至关重要的，所有的事情都是有规律可循的，都是有底层逻辑的，只要能掌握其底层逻辑，就能洞察事情的本质。

安迪·沃霍尔说的"在未来，每个人都有 15 分钟成名的机会"这句话正在慢慢地被验证。李佳琦、代古拉 k、温婉……这些名字相继出现在时代的浪花里，熠熠生辉。

有朋友问我这本书的定位是什么，我想了想说，这本书就是古龙笔下江湖里的百晓生，通过对抖音短视频江湖里面各种大侠、各种武功的分析，提炼出纵横抖音短视频世界的一招制敌的绝招。

招数不多，一招足矣。

目 录

前言

第1章
算法：了解平台，你的创作才会有章可循

第1节　审核三步走：安全审核、质量审核、标准化审核 … 003

安全审核 … 003

质量审核 … 005

标准化审核 … 006

第2节　"试水"投放：你的视频会进入哪一级流量池 … 008

第3节　曝光：推荐页、关注页、同城页、搜索系统的推荐算法 … 011

第4节　Dou+：通过付费获取更多的曝光量 … 014

第2章
误区：请警惕抖音的四大误区

第1节　过分自嗨 … 019

第2节　不够专一 … 023

第 3 节　没有特点　… 026

第 4 节　没有梗点　… 029

第 3 章
定位：5 个方法帮助你快速做好账号定位

第 1 节　年龄反差法　… 035

第 2 节　性别反差法　… 038

第 3 节　场景切换法　… 040

第 4 节　典故定位法　… 042

第 5 节　影视定位法　… 044

第 4 章
人设：把握 3 点，让你的人设脱颖而出

第 1 节　人格化 IP　… 051

第 2 节　主页设置　… 055

昵称　… 055

头像　… 056

简介　… 057

视频封面　… 058

第 3 节　先发散再聚焦　… 060

第 5 章
摸清抖音的内容分类，作品一发就火

第 1 节　十大元素 … 063

3 种情感 … 063

5 种情绪 … 067

2 个因素 … 076

第 2 节　3 种方法 … 079

蹭热点 … 079

经典内容短视频化 … 082

热点评论法 … 085

第 6 章
爆款内容结构：黄金 3 秒开头 +2～5 个爆点 + 白金结尾

第 1 节　怎么找到爆款 … 090

账号角度 … 090

素材角度 … 095

第 2 节　通用爆款公式 … 097

黄金 3 秒 … 097

2～5 个爆点 … 098

白金结尾 … 100

第 3 节　怎么拆解爆款　… 106

第 4 节　爆款模板　… 116

Vlog　… 116

剧情类　… 138

知识分享类　… 160

第 7 章
标题：如何取出千万播放量视频的标题

第 1 节　疑问法　… 189

第 2 节　数字法　… 191

第 3 节　热词法　… 193

第 4 节　俗语法　… 195

第 5 节　对话法　… 197

第 6 节　电影台词法　… 198

第 7 节　好奇法　… 200

第 8 节　对比法　… 202

第 8 章
评论：互动给你的爆款加把火

第 1 节　给他人评论　… 207

第 2 节　给自己评论　… 209

第9章
盈利模式：如何通过抖音变现

第1节 广告变现 … 213

软性广告 … 215

冠名视频 … 215

贴片广告 … 216

代言广告 … 217

第2节 电商变现 … 218

第3节 直播变现 … 221

第4节 私域变现 … 223

课程变现 … 223

咨询变现 … 224

第5节 线上给线下引流变现 … 226

第6节 出版变现 … 228

第10章
实用工具

第1节 文案类 … 232

百度指数 … 232

易撰 … 232

顶尖文案网 … 233

广告门案例库 … 233

目 录

第 2 节 图片编辑类 ··· 234

PS ··· 234

创客贴 ··· 234

图怪兽 ··· 235

第 3 节 视频剪辑类 ··· 236

Adobe Premiere ··· 236

Adobe After Effects ··· 236

剪映 ··· 237

第 4 节 数据分析类 ··· 238

新榜 ··· 238

卡思数据 ··· 238

飞瓜数据 ··· 239

TooBigData ··· 239

第1章

算法：了解平台，你的创作才会有章可循

第 1 章　算法：了解平台，你的创作才会有章可循

了解抖音的推荐系统如何工作，可以让创作者做出更受用户欢迎的短视频内容。这就需要创作者了解推荐系统背后的算法是如何工作的。

抖音是一个拥有大量用户和创作者的平台，每分钟就有上千个视频被上传到平台上，单个用户不可能观看完每一个抖音视频，所以抖音就设计了一个复杂的推荐系统，通过算法让用户能从海量的内容中看到他最喜欢的视频。简单来说，算法的作用就是，把用户所喜欢的内容精准投放给他，让他一点开抖音就可以看到喜欢的视频。

抖音的推荐系统会采集尽可能多的数据，来发现用户喜欢什么样的视频。这些数据包括视频本身的信息，比如标题、内容；视频发布之后，其他用户与视频的交互历史，比如点赞、评论、浏览时间等；除此之外，还有用户以前看过的视频信息，以及与这些视频之间的交互信息，比如是否有点赞、评论、转发等。下面先从抖音平台审查投放的角度介绍抖音的推荐算法是如何运作的。

第1节
审核三步走：安全审核、质量审核、标准化审核

安全审核

抖音是个宣传正能量的平台，创作者上传的视频首先要经过抖音官方的安全审核，违反公序良俗、社会价值观的内容，是绝对不能在平台上出现的。以下几个方面的内容和行为在视频创作时一定要规避

首先是涉及不良风气、违反社会价值观的内容：

（1）视频中出现抽烟、酗酒、辱骂他人、虐待或恶搞动物的不良行为。

（2）为了营造视频的效果，视频中出现把钱扔进垃圾桶等恶搞人民币的行为，以及嘲笑弱势群体、利用弱势群体进行营销、宣扬不正当男女关系等行为。

（3）违反景区规定，恶搞名胜古迹、点燃柳絮、翻越闸机、乱涂乱画等不文明行为。

其次是危害未成年人身心健康的内容：

（1）未成年人穿着成人化。一些人为了视频效果，故意让小朋友着装成人化，这是不被允许的。

（2）早恋行为。早恋会影响未成年人的学业和生活，当他们在情感波折中受到伤害时，甚至会诱发心理问题。

（3）未成年人文身、校园暴力、炫富攀比、卖惨寻求帮助、成人化演绎等不良行为。

（4）使用整蛊玩具，或做出一些恶搞行为对未成年人进行恐吓，以及让未成年人在无保护措施情况下做危险动作。

最后是搬运盗用的行为：

（1）未经他人允许，将他人的内容下载后，上传到自己的账号上。

（2）无授权转载他人的内容。

（3）录屏电视或电影播放的内容，未经任何加工上传到自己的账号上。

（4）视频中出现抖音平台之外的水印特效等元素。

只有原创内容才能受欢迎，希望大家坚持原创，杜绝搬运盗用的行为。

另外，还要注意几类关键词是不能在视频中出现的：不文明的网络用语；疑似欺骗的用语，比如"恭喜获奖""全名免单"等；诱导消费的用语，比如"再不抢就没了""万人疯抢"等；淫秽色情、暴力用语。

所以，为了通过抖音的安全审核，请大家检查将要上传的视频，看里面有没有违反法律法规的内容、有没有不适合未成年人观看的内容、有没有搬运盗用他人视频的内容，以及是否出现了一些不文明及欺骗性用语。

质量审核

视频通过安全审核之后，下一步便是质量审核。质量审核，顾名思义就是检查视频的质量。抖音平台会审核视频的时长是否大于7秒，以及视频的清晰度如何，视频质量的高低是其能否获得更多推荐的基础。为了提高清晰度，你可以选择导出1080p、60帧的视频，大小控制在100M左右。还要注意常见的视频比例，横屏的是16:9，竖屏的是9:16。

另外，为了提高视频质量，在打光时，建议选择45度侧光，效果最佳；美颜要适中，保证视频的真实观感；还可以适当提高视频的锐化值。

标准化审核

质量审核后是标准化审核，标准化审核就是把视频打上各种各样的标签。所有的视频都会被打上多个标签，算法会把这些标签进行精准的整合和分类，从中提炼出用户喜欢的标签。

抖音将所有的视频分为 24 个大品类，如情感类、搞笑类、美食类、汽车类等，这是一级分类，下面还会进行二级分类。举个例子，一级分类的搞笑类，其二级分类又分为搞笑段子类、搞笑情景剧类等，在这些二级分类下面还有各种各样的标签，比如反转类、戏精类、直男类、高颜值男类、高颜值女类等。所有的视频都被这样一级一级分类，最后打上多个标签。

例如，2019 年 7 月抖音账号"维维啊"涨粉超过 617 万，其疯狂涨粉来自于 7 月 1 日发的一条标题为"特意点了一桌子绿菜，也不知道我做得对不对"的视频，内容是维维在餐厅点餐，点的都是绿色的蔬菜，以此来暗示哥们儿"被绿"的事儿。这条视频短时间就获得了数百万个点赞。这条视频的一级分类是搞笑类，二级分类为搞笑情景剧类，可以被贴上的标签有被绿、戏精男、暗示、吃饭等。

总结一下抖音审核视频的三个环节：

（1）安全审核。视频中不出现涉及政治、违法社会风气、危害未成年人身心健康的内容，保证视频内容为原创视频。

（2）质量审核。保证视频时长、画质符合要求。

（3）标准化审核。提前思考你的视频可能被打上哪类标签，放大可以突出这些标签的视频内容，在后续章节中我会告诉你具体的方法。

第 2 节
"试水"投放：你的视频会进入哪一级流量池

视频的所有审核通过之后，接下来就是激动人心的"试水"。试水就是抖音平台把你的视频分发给小部分人看，看这些人的反馈如何，如果反馈好则会推给更多的人看。这就是很多视频一夜爆火的原因。微信公众号的阅读量很依赖它的关注基数，而短视频则不同，如果你的短视频内容足够精彩，会被推荐给越来越多的人，其观看人数的增长就像滚雪球一样。在小流量池中"试水"是视频成为爆款的第一步，什么样的"试水"结果可以使短视频进到更大的流量池呢？

判断标准有四个维度，分别为：完播率、点赞量、转发量、评论量。其中完播率是看完整个视频的人数与总观看人数的比值。这四个维度都很重要，爆款视频一般是四个维度的数据都很高。所以，我们在拍摄视频的时候就要考虑怎样可以吸引用户看完整个视频，怎样引导用户看完之后留言并参与讨论，讨论完之后还不忘记点赞和转发。每一个环节都精心设计后，你的作品离爆款也就不远了。

在"试水"阶段，平台首先会把你的视频投放到一个种子流量池里，这个流量池有0~1000个用户，然后会对这些用户的反馈做评估，评估的指标就是完播率、点赞量、转发量、评论量。如果效果好的话，视频就会被投放到初级流量池里，初级流量池的用户数则是1万~10万，效果评估的标准也是类似的，如果初级流量池的用户反馈好，视频就可以进入下一级流量池，后续依次是10万~100万用户的中级流量池、100万~1000万用户的高级流量池、1000万以上用户的S级流量池，还有全平台推送的王者流量池，这是最高等级的流量池。如果说你的视频进入了王者流量池，那你绝对是"人生赢家"了，想想铺天盖地都是你的视频，大小博主都来疯狂模仿你，粉丝呈爆发式增长绝对是做梦都会笑醒的。

作品进入王者流量池当然是每个创作者的目标，但其难度是相当大的，众口难调，创作者很难做出让所有人都满意的视频。一般说来，作品超过100万的播放量，进入高级流量池就算很成功了。如果视频能达到1000万的播放量,点赞量很容易突破15万,粉丝增长量最少也有两三万,如果作品内容比较好,涨粉五六万也是有可能的。

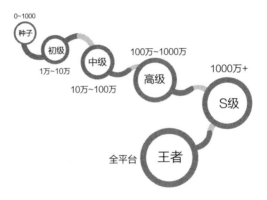

在实际操作中,我们还会遇到这样的情况,即发布同样的内容,第一次发布时点赞量和转发量都很少,只有区区几百,但第二次发布却火了,点赞量上百万,这是为什么呢?难道是平台做手脚了吗?并不是的,我们刚才提到视频能不能火要经过一级又一级流量池的考验,如果视频在当前的流量池反馈不好,是不会进入下一级流量池的。而重新发一遍视频,依旧是这个过程,但是看这条视频的种子用户却变了,因为视频每次"试水"都会被推给不同的用户。所以很可能因为第一次推送的用户不太喜欢这条视频的内容,反馈不好,视频没能进入下一级但是第二次推送的用户却很喜欢,视频在一级级流量池里"晋级",最终这条视频就火了。

第 3 节
曝光：推荐页、关注页、同城页、搜索系统的推荐算法

大部分的用户是通过推荐页看到你的视频的，因为推荐页是用户进入抖音后看到的第一个页面。这里既有用户关注的抖音账号新发布的内容，也有和用户喜好相近的人喜欢的内容等。要注意，用户关注的内容，并不会全部出现在推荐页，而是会有一个专门的关注页，这个页面后面会讲到。推荐页展示给用户的视频是个性化的推荐，这是利用了平台的推荐算法，平台会评估视频本身的点赞量、评论量、转发量，还有和当前用户相似的其他人对视频的喜爱程度，也包括用户的观看历史、搜索历史，以及用户和视频的创作者间是否有比较高的粉丝黏性。为了让自己的视频内容可以出现在推荐页中，就需要提高视频的互动，

即点赞量、评论量、转发量以及完播率。

　　关注页是用户可以集中看到其关注的抖音账号发布视频的页面。因为用户可以关注很多抖音账号,所以其关注账号的内容并不一定都可以被观看完,这时候关注页的推荐算法就派上用场了。这个算法也是依据用户的喜好排序来推荐的,你的视频如果想在关注页获得更多的观看,一个关键点就是关注你的用户要足够多,你需要在视频中告诉用户,你可以为他们带来什么,视频的发布时间等,并请用户关注你。

　　同城页可以让用户发现附近的抖音账号发布的短视频或直播,让用户看到更合适的内容。同城页的内容也是由推荐算法来决定的,和推荐页不同的是,同城页的用户群体是对同城信息更感兴趣的人。关于如何在同城页获得更多流量,这里有两个建议。第一,同城用户更多的是根据封面标题来选择观看的内容,所以作品要选择一个有意义的封面和标题。第二,创作同城用户感兴趣的内容,比如本地新闻、美食、玩乐等有价值的内容信息。

　　另外,用户可以通过搜索系统来找到你的视频。搜索是用户主动寻找信息的过程,用户对主动搜索的视频有非常好的认知和黏性。了解搜索系统,以便增加视频在搜索系统里被搜出的次数,对创作者非常重要。抖音拥有强大的搜索算法，这个算法一方面可以分析视频内容，另一方面可以分析用户需求，是视频和用户之间的桥梁，不断完成用户和视频之间的匹配。用一句话概括，就是利用尽可能多的数据，来增强视频和用户需求之间的匹配度。这些数据大概分为三类：

（1）视频本身的数据，包括视频上一切可见的文字、视频的清晰度、视频的分类等。

（2）用户输入的查询词，搜索算法会利用最先进的自然语言处理技术来处理，分析用户的需求。

（3）用户和视频的互动数据，包括用户在推荐、搜索等各个渠道的互动数据。

那么如何让视频在搜索算法上获得比较好的排名？一方面要创作好的视频；另一方面需要给视频加上精准的文字描述，便于搜索算法对视频进行分类。

第 4 节
Dou＋：通过付费获取更多的曝光量

除了精心制作视频，还有一个获取流量的方法，那就是抖音官方推出的功能"Dou＋"。"Dou＋"就是抖音账号通过付费使其视频获得更多的播放量，可以理解为广告的一种形式。那么"Dou＋"应该如何操作呢？

（1）给自己的视频投"Dou＋"。打开抖音后，找到想推广的视频，在视频播放界面中点击右下角的"…"按钮，然后在最后一行找到"DOU＋"，点击即可。

（2）给他人的视频投"Dou＋"。打开抖音后，找到想推广的视频，在视频播放界面中点击右下角的"转发"按钮，然后在最后一行向左滑到"DOU＋"，点击即可。

接下来会进入订单页面，在这里下单，100 元可以获得 5000 播放量，200 元可以获得 10000 播放量。用"Dou+"时要注意控制，不要一股脑把钱全部投进去，而要精准地计算好进入下一级流量池所需的流量，再去有针对性地购买播放量。视频进入下一级流量池，就意味着免费获得了更多的流量，也代表获得了更多的机会。

在使用"Dou+"时要注意精准投放，在选择"把视频推荐给潜在兴趣用户"时要选择自定义定向推荐或达人相似粉丝推荐，这样效果最好，性价比也是最高的。"Dou+"只能起到是锦上添花的作用，要想视频火关键还是要在内容上下功夫，如果内容不行，即使用"Dou+"让视频进入下一级流量池，但视频的评估指标不好，还是无法火的。另外要注意投"Dou+"的内容不能违法，不能在站内搬运其他用户的视频、不能长时间展示商品。"Dou+"是有时效性的，要在视频发出去不久就使用"Dou+"，如果使用得太晚，效果会大打折扣，视频就很难进入下一级流量池。

算法是科技进步的产物，不仅能帮助平台带给用户"抖音五分钟，人间一小时"的体验，还能精准地了解用户的喜好，做最懂用户的"人"。视频创作者可以利用这个工具，把视频推广出去。视频火遍全网会经过一个接一个流量池的晋级，我们要去了解平台，去深入理解视频爆红背后的原因。

抖音的算法是利用数据分析用户，通过设定的数据指标来为用户推荐定制化的内容信息流。那么作为视频创作者，在对这些算法有了足够的了解后，一定可以更高效地把自己的作品推销出去。

第 2 章

误区：请警惕抖音的四大误区

股神巴菲特的黄金搭档查理·芒格的思考总是从逆向开始。想知道人生为何得到幸福，他会先研究人生如何变得痛苦；想研究企业如何做强做大，他会先研究企业是如何衰败的；大家更关心如何在股市上投资成功，而他最关心的是为什么在股市投资的大部分人都失败了。

正如俗语所言，只要我能知道将来会死在什么地方，那我就选择不去那里。在短视频的创作上，建议大家先了解常见的四大误区：过分自嗨、不够专一、没有特点、没有梗点。认清这四大误区，并在视频创作中避开，会少走很多弯路。

第 1 节
过分自嗨

我的一个学员曾这样问我:"吕老师,我真不明白有些短视频的点赞怎么这么容易就超过 10 万了。我的视频都要打磨十几天,反反复复修改十几遍,最后居然只有几百播放量,现在的用户到底看不看得懂视频啊?"后来我点进这个学员的视频一看,美其名曰 Vlog,但又臭又长,就像记流水账一样,介绍着自己的生活琐事,内容毫无吸引力。

有些学员是从传统视频业务转过来的,他们一味追求大场面,追求视频的质感,各种镜头来回切换,可他们不会讲故事。

还有一些学员,感觉自己的视频比某些爆款视频的拍摄水平、内容水平高很多,但就是不火。

以上几类人的作品都存在一个共同的问题：孤芳自赏。他们的视频拍出了自己认为的亮点，自己感兴趣的地方，自己喜欢的风格。但从来没关心过用户喜欢什么，这是典型的缺乏用户思维的表现。

作为大数据时代下依托互联网的创作者，一定要找到自我表达和用户需求之间的交集。有些创作者拒绝迎合用户，因为迎合就意味着做出各种妥协，拍视频就会失去原本的快乐。但是我们必须认清现实，做视频不能像写日记一样，只顾自己高兴，将用户的需求和喜好弃之不顾。

在互联网时代创作视频，需要将自己想表达的观点以用户能够接受的方式表达出来。只有这样用户才愿意看，视频的点赞才会更多。

很多人会问怎么才能找到用户的需求点呢？可以多去看爆款视频，从中找到自己认同的内容，同时加上自己的观点，进行再创作，做出符合自我表达和用户需求交集的内容。

抖音上的台球美女裁判"王钟瑶呢"有 600 多万粉丝，而其中 50 万粉丝来自于一条她介绍自己工作的视频。这条视频的标题是"有一种工作，叫你妈眼中你的工作"，她在视频中展现了在妈妈眼中的自己就是台球厅里的摆球小妹，而在自己眼中却是冷静、严肃、特别专业的国际台球裁判。

视频用强烈的反差带来足够强的新鲜感,而且让用户很容易有代入感,不由地思考,我在我妈眼中是什么,从而引发网友热议。其中一条高赞评论就是"大声告诉妈妈,撵球我是认真的",这条评论点赞13.9万,很好地说明了这条视频为何能引发网友热议,最终点赞破百万,还给"王钟瑶呢"涨粉50万,恰恰是因为她没有自嗨,而是借着大家感兴趣的日常话题来聊自己的工作。

又如教育领域的"魏老师数学"这个抖音账号,是关于中小学生数学知识的分享账号。开始的时候,魏老师发布的视频表现平平,因为每期都是讲解一道例题,且讲解得很平淡。后来,魏老师发布的一条视频火了,这条视频的标题是"小学必备知识点,你学会了吗?"内容以板书为核心,黑板上方有"小学必备"的4个大字,下方列了10条诸如"最大的一位数( )"的内容。因为不再自嗨,这条视频火了,为什么这么讲?小学生以及他们的家长是魏老师的核心目标群体,视频中的"小学必备"切合他们的痛点。另外视频中提到的"最小的偶数是0",是一个易错点,有些人会觉得0不是偶数,老师讲错了,在评论区,大家关于这一点的讨论特别热闹,这是另一个爆点。最后,这种必备类的内容,大家乐于转发给有需要的人,会觉得"我转给你,或许可以帮到你",目前累计点赞数达190.1

万，评论数达 5.8 万，转发达 20.4 万，这都是因为不再自嗨。

切记，我们看自己的视频内容往往是"加滤镜"的，我们并不能客观地评价它们。我们做的视频的时候一定要找到自我表达和用户需求之间的交集。

第 2 节
不够专一

一般的抖音账号往往是在记录生活,而且是特别随意地记录生活。

今天出去玩,发点旅游的内容,明天去吃东西拍点美食发出来,后天看有个舞蹈很火赶紧拍一个模仿视频……里面掺杂着美妆、搞笑、情感、旅行、美食、唱歌跳舞等内容,别人点进来看了以后都不知道账号是干什么的。

但如果真的想在短视频的世界里有一席之地的,内容就必须做到专一。

用户会因为你拍的某一个爆款视频看到你,是否会关注你,很大程度上取决于你的视频内容是不是都和爆款视频内容相似,所以账号只发一类视频非常重要。

如果一个账号今天发 A 内容,明天发 B 内容,那么这个账号的垂直度就会变低，就不会受到平台的扶持。

手绘领域的抖单账号"赵小黎"拍摄的内容一直都是自己如何创作出一幅画。从定画框，到不拘一格地铺色，哪怕弄脏了衣服也不顾忌，成画后，和画作来一张定格照。"赵小黎"记录自己的创作过程，节奏明朗富有新意，一改大家对画家的认识，加上她气质独特，大家特别认可她的这一身份，所以她能持续不断地涨粉，在2020年开年的3个月内涨了300多万粉丝，目前粉丝总数突破900万，成为抖音人气视频创作者，这些都离不开她在该领域的深耕。

抖音音乐人"林童学"目前拥有900多万粉丝，2020年3月，一首《少年》的翻唱让他火爆全网，也给他这个账号带来180多万的粉丝量。而我们仔细分析可以发现，他的成功不是偶然，而是他在音乐领域保持专一的结果。更确切地说，从开始的林童学吉他单人弹唱，到后期变成林童学领唱，2~4位兄弟一起一边拍手、一边唱，这种带有强烈少年感的互动表演形式，和《少年》这首歌曲非常合拍，所以让他一曲成名。在这之后，林童学延续了"和一群人拍手合唱"的表演形式。对于表演形式，同样可以保持专一感。

不仅仅是林童学如此，音乐领域的"coco"组合，在音乐人中也富有新意，他们的大部分作品，都是情侣双人出镜，两人共用一条耳机唱歌，用户看他们唱歌，听好听的歌曲是一方面，还有就是要看屏幕都装不下的高级狗粮。比如一条点赞 90 多万的视频，标题为"左声道：下山。右声道：欧若拉。我们谁唱错了？"，由于他们俩在这条视频中真的靠得太近了，像是男主角直接贴着女主角的脸唱歌，所以评论区中的高赞评论是这样的："我觉得这是另一种高级一点的狗粮（1.3 万点赞）""这口气真大（1.2 万点赞）""哈哈哈哈哈哈哈 这是嫌弃你了吗（2.5 万点赞）"可见大家就是喜欢看这种"撒狗粮"式的唱歌。所以，"coco"组合便保留了这样的唱歌模式，持续性地产出内容。

还有抖音美食领域拥有 400 多万粉丝的"煎盘侠"，他在石头上做烧烤，烧烤的原材料从早期的鱿鱼、香菇、白菜……到后来的鱼刺、树叶……他的视频在诠释"万物皆可石头烧烤"，他也借此吸引了一大批粉丝。他的成功和他的专一密不可分。前期专注于做石头烧烤，在有一定粉丝数后，他发现自己爆火的视频都是涉及反常规烧烤食材的，所以，他后期的作品就干脆专注于分享反常规的烧烤食谱。

第 3 节
没有特点

有一次一个学员和我说:"吕老师,道理我们都懂,我也试着在抖音运营一个街坊账号,但数据一直不温不火,粉丝数就在 50 万附近波动。"看完他的账号,我问了他一个问题:"你的这个账号和别人不一样的点在哪?"

他想了很久也没说出来一个所以然,因为他这个账号真的没什么独特的地方。

别人的账号做采访,他也做采访,甚至连受访者的回答都是抄的别人的。

短视频如果做不到独特,那账号的关注量肯定不会上去,因为用户不会关注一个没有特点的账号。

每个人都有自己的特点,我们要做的就是去发现自己的特点,只有不同于别人的地方,才能被用户记住。

比如抖音上拥有几千万粉丝的"黑脸V",他是一个集技术与创意于一身的男子,而且他的视频的配文都很戳人心,但是抖音上并不缺此类的账号,那么他为什么却如此受人关注呢?是因为他基本上从不露脸。他出现的频率越高,用户越好奇他的外貌。不露脸,也容易让用户把他和其他人区分开来,在抖音被帅哥美女刷屏的时代,"黑脸V"这种低调的行为更显得与众不同。

再比如抖音搞笑博主"毒角show"拥有2000多万粉丝,他在每条视频中都会戴上一个巨大的独角兽的头套,讲解世界各地发生的有趣的事。用户看到他的这个独角兽的形象,再想到他的昵称"毒角show",很容易由于谐音记住他。再看他的头像,是一只手绘的独角兽,这进一步强化他的特色形象。这种多方面的强化,可以让用户在日常生活中看到独角兽形象时,能一下子想起这位幽默可爱的"毒角show"。这就是他利用自身的独特形象,区别于其他搞笑博主的一大特色。

还有像抖音游戏类知名博主"一条小团团OvO",有4000多万的粉丝,在视频中,她一般都会戴着一个黑色的口罩,不露脸。由于她声音可爱软萌,所以用户特别好奇她的长相,在一条她吐槽自己又长胖了的视频中,评论区就一直有要求她露脸的评论:"有本事把口罩摘了","口罩一摘,脸蛋炸出来"。另外,她戴口罩,却在口罩上开了个口子，方便给自己"投食"，在她的一期主题为"团团不露脸的原因原来是……"的视频中，她一边解释不露脸的原因，一边给自己喂食。这个特殊的口罩，一直是她视频吸睛点。

在抖音上做 Lolita（洛丽塔）裙分享的人很多，包括早期的"夫人不吃鱼"，她以自己卧室为背景，录制了很多 Lolita 裙的视频在抖音上分享，但是她没有爆火，因为这类视频的分享者不只她一个。而她后来借助快速"卡点换装"，树立了自己的特色。短短 30 秒的视频，她能快速变换 20 多套裙子，由于画面切换足够快，大家可以在短时间内接收到足够丰富的信息，自然觉得很满足，也更容易觉得她拥有很多的 Lolita 裙，认为她在这个领域内去做分享足够专业。

所以，当你找到了自己的特色，就比较容易脱颖而出。

第 4 节
没有梗点

很多时候,我们记住一个人,往往是因为他做过的某件事,说过的某句话,甚至是某个动作,这就是他的梗。

目前李佳琦的抖音账号的获赞数是 3.1 亿,粉丝数超过 4000 万,为何他会有这么多粉丝?为何他会突然走红?有段时间,我们身边总会听到有人模仿他的口头禅"买它!买它!""Oh my god,我的妈呀,太美了吧!"

甚至在我采访李佳琦,问他在直播间说的梗"所有女生"是什么意思的这条视频都上了抖音热搜,获得几十万点赞。

李佳琦的这几句话成功地吸引了很多人,这就形成了其定位的记忆点。

大家一提起抖音上的姜涛的话,就会想到他魔性的

"哈哈哈"笑声,因为他的笑声太过鲜明,所以他的抖音名就是"姜涛笑神"。

其实梗是为了给粉丝做记忆点,没有记忆点是没办法让你获得更多关注的。

梗一定要经常出现在你的作品中,反复地强调,当别人看到这个东西,第一时间就能想到你的时候,你就成功了!

通过本章,我们了解了做抖音短视频容易走入的四大误区:

第1个误区是过分自嗨。在自我表达时,忘了结合用户需求来做内容,这样用户看你的视频无法产生共鸣,自然不愿意关注你。

第2个误区是不够专一,内容涉及多个领域。当用户喜欢你发布的某一领域的内容时,是希望你持续产出相似内容的。

第3个误区是没有特点。如果你的视频平平无奇,很容易淹没在短视频浪潮中,只有找到并放大你的与众不同,用户才会记得你,比如从不露脸的"黑脸V"、天天带着独角兽头套的"毒角show",都是以自身鲜明的形象给大家留下了深刻印象。

第4个误区是没有梗点。这个时代的节奏很快,如果没有梗点让大家一看到就想到你,那么你很容易被用户遗忘。比如现在提起"Oh my god",大家就会想起李佳琦。

希望大家在视频创作时,避免走入这四个常见的误区,在自我表达和用户需求的结合处做选题,在某一垂直领域深耕内容,找到并放大自己的特色,创造属于你的梗点,并在视频中不断重复,让看过你的视频的用户牢牢地记住你。

第 3 章

定位：5 个方法帮助你快速做好账号定位

第 3 章 定位：5 个方法帮助你快速做好账号定位

商业经典书籍《定位》中提到，定位是指如何让你在潜在客户的心中与众不同。过去，需要定位的对象多是商品、服务、公司或是一家机构，而现在我们越来越强调个人的定位。

在短视频时代，你的账号定位决定了你在用户心中的分量，你越是与众不同，用户越乐于关注你。

想要做好个人账号的定位，赢在起跑线上，你可以通过下面介绍的 5 种方法来实现，它们分别是：年龄反差法、性别反差法、场景切换法、典故定位法、影视定位法。

第 1 节
年龄反差法

年龄反差法的秘诀,就是所设定的人物性格或行为方式与实际年龄不符,从而使用户产生差异感。

比如在 2019 年 12 月,两周涨粉 100 万的吐槽三人组"山支花"(后开新号,更名为"三支花"),是由三个普通的农村妇女组成的。她们的平均年龄超过 65 岁,模仿一些之前火过的年轻女博主,录制内容几乎一样的视频,取得了非常大的关注度,甚至有人将她们称为"抖音 SHE"和"地表最强女团"。因为她们这个年龄段的网络达人少,相关内容也少,所以她们的作品很容易成为稀缺内容。

在女团选秀类节目《青春有你 2》非常火爆的时候,"三支花"也录制了一系列的"才艺表演"视频,其中标题为"三支花女团能不能出道靠大家了"的视频点赞破三百万。她们的视频一般是这样的：开始总是由一位奶奶大喊"气死我了，上才艺"，然后剩下的两位奶奶分别来一段特别尬的表演，用实力证明她们是表情严肃却很有"才艺"的"最强女团"。

大家看多了年轻的女团面孔，当看到这些卖力演出的老奶奶们时，特别容易有新鲜感，评论也就特别积极，很多人在评论区留下"出道""奶奶们好可爱……"等来表示对奶奶们的支持。

抖音上爆火的"北海爷爷"，已经70多岁，却依旧神采奕奕，步伐稳健，举止优雅，最重要的是他很会穿搭，甚至他的穿搭还成为很多微信公众号研究的对象。在我们普通人身边，到了这个年纪的爷爷奶奶大多都不会注重"精致"，而在"北海爷爷"的Vlog中，他从早上起床开始，洗漱护肤穿搭一样不差，确实让人惊讶。

还有"时尚奶奶团"，从2019年发布首条抖音视频就开始了她们穿着中式旗袍环游世界的文化之旅。在她们的视频中，奶奶们优雅高贵，穿着中式旗袍，把各国街道当成T台，大步走秀，气场十足。我们常认为时尚会随着年龄的增长而减退，"时尚奶奶团"却告诉我们，岁月会让时尚变得更加独特且珍贵。

类似的还有3个月涨粉千万的"只穿高跟鞋的汪奶

奶"。跳了一辈子舞蹈的汪奶奶，如今80岁高龄，依旧精气神十足。她以奶奶的口吻告诉年轻的女孩们如何保持自我，如何保养自己，一路美到高龄。与年轻的博主相比，她的内容更容易被女孩们接受、认可和转发，因为汪奶奶数十年的身体力行就是最好的榜样。

类似的还有"鮀城大叔"他想要吃一百种年轻人喜欢吃的东西。这位六十出头的潮汕大叔。举起自拍杆，开始打卡年轻人爱吃的美食：手作黑糖撞奶、鸡蛋仔、麦当劳……，其中一条视频的内容是这样的：大叔想尝试年轻人爱喝的星巴克咖啡，于是他走进星巴克，非常认真地看了一遍价目表，然后直接出来了，用他独有的潮汕话吐槽"算了，消费不起。"这位真实的大叔，收获了众多年轻粉丝，大家爱看他各种各样的美食打卡，也会在评论区留言推荐值得一试的美食，互动感十足。

像这样的老年网红还有很多，这启发我们，在做抖音短视频时，考虑以年龄反差法来进行定位，给用户更多的新鲜感，这样更容易把账号做火。

第 2 节
性别反差法

顾名思义,性别反差法就是男扮女装或女扮男装。

有一位性别反差的博主叫作"多余和毛毛姐",他一人分饰两角,以男生形象出现时,是多余,以女生形象出现时,是毛毛姐。他带着橙色头套,模仿女生的行为举止,看起来非常有趣。2018 年的时候,他拍摄了一条标题为"城里人和我们农村人蹦迪的不同"的视频,他用毛毛姐的身份,先模仿了城里人蹦迪,然后带上橙色头套,模仿农村人甩头式蹦迪,同时喊出:"好 high 哦,感觉人生已经到达了高潮,感觉人生已经到达了巅峰。"一时间吸粉无数,并吸引了众多博主模仿。

另外一位是被戏称为抖音"最美女孩"的博主"阿纯",他有一条视频讽刺某些女网红靠着抖音强大的美颜功能火了起来，这条视频收获了 600 多万点赞，同时给他带来了数十万粉丝。此后，他经常拍摄一些"糙汉子"秒变身成女神的视频，还经常配合警察拍摄一些谨防网恋诈骗的视频，依靠这种开男瞬间变美女的视频，他在抖音狂吸千万粉丝。

和以上博主不一样的是，女装大佬 Ablily 美到连女孩都自惭形秽。他不仅扮女装，更是真正把自己活成了女孩，热辣的舞蹈，迷人的身材，绝对看不出来是男生。

以上博主都是在形象上做反差，还有博主利用伪音技能，在声音上做反差，比如在抖音上有着 700 多万粉丝的"姜峰真的苟"。他的系列视频"同时拥有男声和女声是什么体验？"，就是利用自己可以从男声"无缝"切换到女声的技能，玩一些"危险游戏"。比如打电话给兄弟，在对方和女朋友聊天的时候，把自己声音切换成女声，搞恶作剧；比如用小号加兄弟为好友，用女声和对方聊天，希望对方可以带自己打"王者荣耀"上排位……粉丝在被他有趣的恶作剧逗笑的同时，对他娴熟的伪音技能也是无限膜拜。

通过以上案例可以发现，要吸引他人注意，最有效的方法就是：打破常规。人类大脑适应规律性事物的速度很快，持续不变的感官刺激往往让人们视而不见、听而不闻。当人们遇到与认知冲突甚至完全相反的事情时，大脑会异常活跃。

性别反差法是一个很好的打破常规的方法。

第 3 节
场景切换法

场景切换法,就是指把日常生活中做的一些事,换到另一个场景去做。

比如抖音上有名的"办公室小野"是一个在办公室中利用生活中一些简单的东西去做饭的博主。在她的视频中你可以看到用电熨斗去制作烤冷面、用夹发板制作爆米花。办公室在人们印象中就是办公的,她打破了这一思维定式,在办公室里做菜,而且做菜的工具用的都是生活中常见的东西,一般人根本想不到这些东西还可以用来做菜,所以她的视频让人耳目一新。

还有像"小小食界",用仿真的迷你场景,模拟自己小时候的厨房,是美食界的一股"清流"。一般的美食号,都是在日常的场景中做美食,而"小小食界"做了一个小

"世界",这个世界有多小呢,现实中人们一口就能吃下她这个世界里一个"电饭煲"量的饭。"小"是她的评论区源源不断的互动点,大家都爱评论她这里食材、物件的小。她的视频的另一个特色是怀旧,从做饭的锅、灶炉,到吃饭时的客厅布置、洗碗时的水龙头,一切都是复古的摆件,这也切合了她在简介里提到的"找寻儿时回忆"。在这样的场景下,她收获了400多万粉丝,大家一边看美食,一边还能吐槽小小世界、怀旧童年,可谓趣味十足。

再比如"乡村胡子哥",他的很多视频内容都是他在一条小溪旁,把食材用溪水洗净,切碎,然后拿石头架起一口锅,点火做好,最后自己品尝美食,用户们听着小溪流水声,看着胡子哥大快朵颐,食欲瞬间被激活。

甚至包括"李子柒",也是把美食放到了田园山河,在准备食材的过程中游历大自然。

现在有一个词叫"倍速青年",指的是以1.5倍、2倍的速度看视频的年轻人,它反映了时代的焦虑。而这种通过换场景,把"厨房"放在世外桃源里的视频,恰恰可以抚慰倍速青年们浮躁、焦虑的心。

第 4 节
典故定位法

典故定位法,指的是以传说中的人物作为人设定位的方法。

以典故中的形象做人设定位,讲述日常生活中可能遇到的人、事、物,往往可以起到"旧瓶装新酒"的效果。

比如"月老玄七"、"孟婆十九"就是用中国古代神话中的月老、孟婆形象来做定位的。

"月老玄七"专为他人答疑解惑,教大家如何谈恋爱。月老拥有"穿越三界"的能力,让痴男怨女们看到他们忽视的那一面和被忽视的真相,告诉他们如何关心彼此、体贴彼此。同时,"月老玄七"还和"孟婆十九"组成了神仙CP(网络用语,指配对),由他们两个人一起实力演绎的"神仙撒糖",也是通过对剧情片的演绎,给大家示范,男朋友如何才能哄好女朋友。

"孟婆十九"的博主是一位 19 岁的、可爱的小姑娘，她改变了人们心中孟婆是一个颤颤巍巍老婆婆的固有印象。更重要的是，是"孟婆十九"是一个有人性的"神仙"。她会因为心软，把一个沉睡了 9 年的司机送回人间，就算被天庭惩罚实习期延长 100 年也乐意。她也会对"月老玄七"吐槽自己很崩溃，看了这么多的人间苦痛，自己却什么忙都帮不上，她不想再继续做孟婆了，在玄七的开导下才收起了眼泪，决定继续做下去。"孟婆十九"会告诉用户，如果有亲人不幸去世，应该如何调整心情，如何拥有一个良好的心态。

还有"仙女酵母"，以古典欧洲风格作为场景，制作现代版的童话故事。"仙女酵母"取自《灰姑娘》中的"仙女教母"，用"酵"字取代"教"字以做区分。"仙女酵母"生活在一个神秘的古堡之中，每天都接到不同的人打来的电话，虽然打电话的人不同，但所讨论的都是人们的身边事，让人感觉很容易接近却又带点神秘玄幻的色彩。

在人设中加点玄幻因素，加点大家熟知的 IP 的信息，在此基础上进行演绎，往往会取得比较好的效果。

第 5 节
影视定位法

影视定位法指的是把一些在影视剧中火过的角色应用到抖音账号中。

比如,中韩夫妇"不聪明和大眼妹"这个账号就记录了大眼妹 Yami 和她的韩国欧巴金度亨的日常故事。金度亨是呆萌系的霸道总裁,听到 Yami 喊他欧巴会开心到飞起,而听到亲妹妹这么喊他的时候,内心却毫无波澜;通过电话时听到 Yami 那边人声鼎沸,似乎大半夜了还在夜店蹦跶,他就会瞬间炸裂;看到 Yami 手机里有和别的男孩子的合照,他就一直念着,"我真的非常非常嫉妒,哼!"然后自嘲了一句,"怪不得我叫金度亨(嫉妒亨),看到你和别人拍照不带上我,我的眼睛会下雨……"就是这样的一位欧巴形象,在恋爱中对大眼妹 Yami 没由来的紧张感,让他们的账号吸粉无数，每次他们的视频推出，大家都爱评论"Yami 又做了什么，欧巴是不是又要心疼到眼睛下雨了"。

又如，搞笑领域的"天津一家人"，拥有 3000 多万粉丝，其中的主要角色"婆婆"，就是参考了影视剧里的人设，是史上无敌好婆婆，在这一人设下创作的多条视频都成了爆款。比如"有个好老公不如有个好婆婆"，讲述了儿媳妇不知什么原因回了娘家，婆婆发现后特别生气，开始罚儿子跪；"婆婆看不下去了"讲了儿子着急看电视，大声要求媳妇帮忙盛饭，媳妇照做后，婆婆直接把饭倒在了儿子手上，留下一句"我着急洗碗"便走了；"这婆婆太偏向儿媳妇了"讲了儿子向妈妈抱怨，你的儿媳妇太败家了，买了特别多东西，都快堆成山了，妈妈直接连环发问，"她让你拆了吗？她让你拿了吗？你就是多管闲事"……这些视频均获百万点赞，内容的成功，正是因为好婆婆这个 IP 设定深入人心。在这些视频下方，很多网友的评论都表达了对这样的婆婆的向往，比如有条超过 10 万点赞的评论是这么写的："十有九个都是护着自己儿子的，这样的婆婆少有。"其实，这种好婆婆的人设，在电视剧《恶作剧之吻》中就火过了，江直树的妈妈就是这样的好婆婆，当小两口发生争执时，她一定会站在儿媳妇这边。

公众人物也会延用自己过去成功的荧幕形象，这也是基于爆款更容易深入人心的道理。比如演员张雨绮，大家印象很深的，是她在《美人鱼》中的霸道女富豪形象，在剧中她对着喜欢的刘轩（邓超饰）大吼的那句："我拿三百亿出来跟你玩，你当我是空气呀，居然去泡一条鱼。"还没有等刘轩说话，她反手甩了刘轩一个巴掌，怒气冲冲地说，"我现在就打她回来煲鱼头汤。"张雨绮直接用这个片段，加上一锅鱼头汤的原料，创作了视频"交作业了！你们要的#三百亿的鱼头汤#"，单靠这一条视频，她就收获了50多万粉丝，150多万点赞。

这也符合爆款的底层逻辑：成功是成功之母，拿一些被验证过的爆款作为素材再来制作爆款短视频。

总结一下，想做好短视频的账号定位一点都不难，有五大方法任你选择：

（1）年龄反差法。对于一些常规选题，我们找年龄大的人来演绎，往往会有强烈的反差，从而吸引粉丝，比如爆火的"三支花""北海爷爷"。

（2）性别反差法。无论是男扮女装的"多余和毛毛姐"，还是"阿纯"，都自带新奇属性，自然会吸引大家关注。

（3）场景切换法。大家日常看视频，多是想缓解自己生活中积压的紧张感。所以视频如果营造一些有别于日常的场景，往往可以给用户耳目一新的感觉，比如在办公室煮饭的小野。

（4）典故定位法。传说中的玄幻人物本身就有神秘感，在此基础上结合选题内容，可以强化账号的定位，"月老玄七"和"孟婆十九"都属于这一类。

（5）影视定位法。影视剧中火爆的人设，大部分都是经过市场检验的，直接选择大众喜欢的角色，用在自己的账号定位上，也可以很快走入粉丝的心中，比如"天津一家人"账号中史上无敌的好婆婆，就深受大家喜爱。

这五种方法都能帮助你挖掘自身的独特性，从而在粉丝心中留下印象，一旦印象形成，你的账号定位就成功了。平时多关注不同领域的优质账号，看看它们在定位上是否有用到这些方法，看得多了，理解加深了，慢慢地你也就能成功运用了。

第 4 章

人设：把握 3 点，让你的人设脱颖而出

第 4 章　人设：把握 3 点，让你的人设脱颖而出

如果仅仅是做好了定位，做好了选题，但是没有一个好人设，那么用户未必会和你形成情感联系。比如很多年前的薛之谦，一曲《认真的雪》火遍大江南北，但是知道他的人屈指可数，典型的"歌红人不红"，也就是我们说的，他在用户心中还没有建立起自己的人设。后来，他开始在微博上记录生活，讲段子，把大家逗笑了，人们亲切地唤他"段子薛"，这才慢慢火了起来。

一个好的人设可以加深用户对我们的喜好。我们需要精心设计好账号的人设，本章结合几个案例解释什么是好人设，好人设从哪里来，如何通过主页设置来强化人设形象。

第 1 节
人格化 IP

《福尔摩斯》中有一句话:"我最先着眼的总是女人的袖子;看一个男人,也许以首先观察他裤子的膝部为好。"这是福尔摩斯给华生讲解如何通过衣着的小细节判断出一个人的身份。同样,在抖音的世界里,你以什么样的形象展示给用户,用户也会对你有相应的评价,你所展示的形象就是人设。

人设可以精心设计,把你最好的一面或者最想给用户展示的一面展示出来,以达到最好的目的。人设的作用至关重要,它代表整个账号的形象、定位。

我们可以借鉴编剧塑造人物的方法来构建人设。账号的人设要注意分清主次,要有主要人物、次要人物、群像式人物之分。主要人物是账号着重刻画的中心人物,是矛盾冲突的主体，也是主题思想的重要体现者，其行动贯串全剧，是故事情节展开的主线。

次要人物对主要人物的塑造起着对比、陪衬和铺垫的作用，同样应该具有鲜明的性格特征，是故事发展不可或缺的人物。次要人物所占篇幅有限，往往要借助于细节表现出人物的特点。

群像式人物是根据特定的故事情节来设定的，他们可能无名无姓，但他们的存在在视频中起着潜移默化的作用。

相信大家对抖音头部IP"祝晓晗"一定不陌生，其实她的人设就是精心打造出来的。

"祝晓晗"的主要定位是家庭情景剧，通过视频营造了一个积极、幽默、向上的家庭氛围。在人设运营上祝晓晗是一个蠢萌、善良、有爱的吃货和单身狗，她是故事的主要人物，每个视频的内容都是以她为核心的；她爸爸的人设是工作努力、妻管严又很有爱的中年男人；而她妈妈的人设则是真正的一家之主，时而与闺女联手对付爸爸，时而和爸爸联手坑闺女，爸爸、妈妈都属于次要人物，他们的任务是围绕主角推动着故事不断发展。这是精心设计出的一种家庭关系，视频中发生的故事也都是有剧本的，"祝晓晗"通过用心的设计收获了大量的粉丝。

在运营过程中，"祝晓晗"也不是一帆风顺的，开始时的定位是以祝晓晗跳舞为主，但是视频发布之后不温不火。而后便引入了爸爸这一角色来营造快乐的父女形象，这让账号成功吸粉无数。但是运营一段时间之后，发现又遇到了瓶颈，于是又引入了妈妈这一角色，一家三口其乐融融。通过这个账号的成功运营，他们还推出了"老丈人说车"这个账号，其主要内容是爸爸和祝晓晗给大家介绍一些关于车的知识，该账号目前也拥有了千万粉丝。一组人设做成功以后并不是只能让一个账号火，完全可以利用这组人设去打造新的账号。

"七舅脑爷"现在的粉丝量也达到了几千万。该账号的人设是一个"七舅脑爷"的视频内容以男女关系为基础，挖掘日常情感中的精彩故事，大到约会、旅行，小到争吵、和好，恋爱的甜蜜、分手的痛苦、吵吵闹闹的日常，这些内容十分贴近广大年轻人的情感经历。看过"七舅脑爷"视频的人都知道，他最初是和"闵静"合作，打造了一个"全抖音最难哄的女友"的人物形象，而他每次在女友花式生气的时候都能够顺利化解，堪称求生欲最强的男友。"七舅脑爷"的视频非常受女孩子的喜欢，女孩子在谈恋爱的时候总是会多一些感性，都希望自己的男朋友可以在自己生气的第一时间用最温柔有趣的方法把自己哄开心。

不仅仅是人，宠物也需要"人设"。在众多宠物账号中，有着千万粉丝的"尿尿是只猫"独得人喜爱，这离不开"尿尿"的个性。开始的时候，"尿爸"还在视频里吐槽他家"尿尿"不火，是因为它不可爱。没想到后来"尿尿"火了，恰恰是因为它"不可爱"，因为它调皮捣蛋的性子。反观其余宠物博主的视频，大部分展现的是宠物多可爱、多暖心，而"尿尿"则是靠着它的机灵和有趣，让用户哭笑不得的日常举止，博得了大家的喜爱。

人设的建立有很多好处，人设的目的是提高用户对我们的喜爱度。只有清晰、鲜明的人设，才会吸引用户的注意。

第 2 节
主页设置

确定好人设后,还需要把账号的主页设置好,主页是用来辅助人设的。主页的内容包括:昵称、头像、简介、视频封面等。

昵称

昵称,其实是账号的代名词。要想一提到昵称,就让用户想到你的内容,你就需要注意昵称的设定。昵称的选择一定要有辨识度,要与定位内容有较强的相关性,并且还要有一定的趣味性,同时可以贴上相应的标签,来展示账号的定位。

如果账号定位在情感方向,那昵称为"食堂夜话""初心行动""记忆储藏馆""人生回答机"等就很合适。

如果账号定位在美食，则可以叫"浪胃仙""麻辣德子""拾荒开饭""贫穷料理"等，在昵称中，直接使用和吃相关的字眼"胃""麻辣""料理"等，可以让用户看到昵称就知道你的定位。

如果账号定位在摄影教学，则昵称可以是"赵琪琪爱ps""蔡仲杨手机摄影""美好馆主Alan""阳阳（手机摄影）"等，这些昵称可以告诉用户，这个账号和摄影相关。

当然，昵称也可以用自己的真实名字，如"李佳琦""祝晓晗"等，这样的好处是容易形成品牌效应，视频中的主人公和博主昵称相同也更有连带的感觉，用户在留言评论时用同一个名字也更加方便。

上面这些例子不是我随便编造的昵称，都是在飞瓜数据（专业的抖音数据分析平台，后面会有详细的介绍）上找到的。在抖音各个门类的博主中，影响力排名前50的账号昵称的共同点是很有辨识度，可以让大家更快地识别出账号的定位方向，也就更愿意关注他们分享的内容。

头像

选择头像时，可以采用视频作者本人的真实照片；也可以采用经过加工的形象照，以便更好地展示视频作者的形象进而形成品牌效应；还可以采用与账号定位相关的主题海报，或者是专业的艺术设计图。

美妆类的账号，比如"李佳琦Austin""薇娅viya""魔女月野""柚子cici酱"等，强调个人形象的定位，用的都是比较时尚的个人照作为头像，这也是为了在用户心中强化自己在美妆领域的专业性。

而一些知识资讯类的账号，会使用要教的软件LOGO作为账号主体。比如"秋叶Excel"的头像就是"Excel"LOGO+"秋叶"文字，"Excel小知识"的头像则是"Excel"LOGO+"小知识"文字……

头像要和简介、昵称等主页内容相互关联，这样容易形成集聚效应，以便更好地把自己推销出去。同时头像要有较强的辨识度，不要和其他账号重复，才能形成自己独一无二的品牌。

简介

简介要突出自己的特点，比如"李佳琦Austin"的简介是：涂口红世界纪录保持者，战胜马云的口红一哥。这个简介直接告诉大家他是口红一哥，并通过两个方面证明了这一点：一是涂口红世界纪录保持者，二是战胜过马云。

又比如创意领域的头部博主"黑脸V"，靠着一张神秘黑脸走入大众视野，他的简介"一个创意，一种态度"概括了自己的特点，且简洁有力地对自己的视频创意做了说明，很有特点。

再比如"代古拉 k"，凭借几千万粉丝登上《快乐大本营》的舞台与众多明星同台，可谓风光无限。这样风光的一个人却在自己的简介中说"专业毁舞一百年的 157cm82 斤黑猴"，简单的一句话就把她的两个缺点暴露出来了，即矮又黑！但她如此开诚布公地把缺点说出来之后，人们反而不去吐槽她，而且接受了她这些缺点，甚至会去安慰她："虽然你又黑又矮舞跳得也很毁，但是你笑得很美、很治愈啊。"

自嘲是需要勇气的，但有些时候自嘲反而会带来意想不到的效果。把一个缺点通过自嘲的方式转化成一个好的标签去打造，这是一种很好地利用简介做营销的方式。

视频封面

视频封面的边框、字体等可以进行统一的设置，这样才能给用户留下良好的第一感觉。

比如"氪金研究所"，其内容主体是采访街上的帅哥美女，问他们的一身穿搭需要花多少钱。这个账号发布的视频的封面风格都是统一的，每个视频封面写的都是"你这一身穿搭多少钱？"这句话下面是具体的城市名，背景是帅气小哥哥和漂亮小姐姐的美照，整体看起来让人赏心悦目，对哪个视频感兴趣，直接点击进去就可以观看了，非常方便。

还有"名侦探小宇"，2019年春节期间，她在抖音走红，有别于其他网红小姐姐，她不唱歌跳舞，而是以情景剧展现真实的犯罪案例，传播女性反侵害知识。为了突显名侦探身份，她的大部分视频封面都是穿着黑衣、戴着黑帽和大框眼镜的小宇，这种统一的封面风格，会让大家一点进小宇的主页，就感受到她身上专业的侦探气质，这和她所呈现的视频内容调性一致。

第 3 节
先发散再聚焦

确定了账号的人设,设置了主页,那么发布什么样的内容可以帮助我们树立这个人设,把账号做火,我们是不知道的,所以前期发布视频的内容要发散。可能你认认真真拍了很久的内容没火,但是随便拍拍的内容却火了,我们要用"先发散再聚焦"的模式,科学地去试错。

比如你是个中年妈妈,想做旅游方向的内容,既可以结合亲子做。也可以结合情感做。针对这两个方向,都可以去发布相关的内容,然后再根据视频的反馈来聚焦。

我们表达对人喜欢时会说"始于颜值,陷于才华,忠于人品"。对于短视频制作者来说,主页是你的颜值,而对于人设的设计就体现着你的才华和人品,相信按照本书介绍的方法进行操作,你的账号也可以让人产生"一见钟情"的感觉!

第 5 章

摸清抖音的内容分类，作品一发就火

第 5 章 摸清抖音的内容分类，作品一发就火

以前我写自媒体文章时，有一句话叫作"你和阅读量10万+之间只差一个爆款选题"。这句话放在短视频领域也同样适用，"你和播放量千万+之间，只差一个爆款选题"。

本章分为两节，第1节介绍决定选题能否成为爆款的十大元素，第2节介绍拟定选题的3种方法。掌握了本章内容，你做短视频的起步会比别人快很多，很容易做出爆款。

第 1 节
十大元素

十大元素包括 3 种情感、5 种情绪和 2 个因素。3 种情感是指爱情、亲情、友情，5 种情绪是指愤怒、怀旧、愧疚、暖心、爱国，2 个因素是指地域和群体。

绝大多数爆款内容都涉及这些元素中的一种或几种，它们相互组合、交叉就可以诞生新的爆款。

3 种情感

3 种情感是生活中最基本的情感，基本上人的所有喜怒哀乐都离不开这些情感。我写过一篇几百万阅读量的爆款文章：《曾帮我打架的兄弟现在和我不再联系》，讲的就是朋友之间渐行渐远的感情，这也是大众的情绪点。

1. 亲情

"祝晓晗"有 4000 多万粉丝,获得了几亿个赞,其从家庭短剧这个细分领域切入,走亲情路线,角色主要有女儿祝晓晗、爸爸以及只配画外音的妈妈,内容主要围绕家庭关系展开,展现的是一家人有趣的日常,比如私房钱、催婚、父女之间的吐槽互怼等。

我们拿这个账号的视频来具体分析一下,其中一个标题为"脑瓜子是不是嗡嗡的?"的视频,有 200 万赞和几万评论。

视频开头是祝晓晗的爸妈在吵架,爸爸摔扫把出门,祝晓晗追出去劝架,结果她爸说:"你太年轻了,闺女,人家三缺一,就差我了啊。"然后潇洒离开了,留下祝晓晗自己嘀咕:"我年轻?"于是,她回到房间想哄妈妈,结果她妈妈正拿着手机和别人通话:"老祝被我骂走了,你们在哪个 KTV 呢,等着我,我马上过去。"挂完电话就和女儿说:"你晚上随便吃点吧,拜拜",这时,祝晓晗黑着脸说:"我果然是太年轻了。"

这则视频涉及一家三口的亲情,也有爸爸妈妈之间的爱情,还有爸爸被喊出去打牌、妈妈被喊出去唱歌的友情。

这种感情大戏最能引起用户的共鸣,有很多评论都是

"论爸妈的套路"。

只要在视频内容和制作方面不断创新,做好选题,亲情路线可以不断吸粉。现在有很多媒体人和公司都走起了亲情线,要做到"祝晓晗"这样千万粉丝级别当然很难,但做出十万、百万粉丝级别的账号并不难。

2. 爱情

大V"七舅脑爷"以"别人家的男朋友"著称,是一个专注于男女情感的现象级IP。

比如,在标题为"闺蜜、男友哪个重要?好男人才不会让女友为难!快艾特你家男朋友学一下"的视频中,开头是他和女朋友回家,关了家门,两人鞋还没脱完就开吵,女朋友特别生气:"当着那么多人的面,发什么脾气呀!那是我闺蜜,女孩儿的醋你也吃?"他特别低沉地说自己没吃醋,然后反问道:"那我和闺蜜,你选一个吧!"没想到他的女朋友脱口而出:"选闺蜜",然后列举了一堆闺蜜可以做到的陪伴,他听完气鼓鼓地说:"那你和闺蜜过去吧!"然后转身走向厕所,临进去前还确认了一下,"所以姐妹最重要是吧!"女朋友无比肯定,"姐妹大过天。"他听完就甩手走进了厕所,剩下女朋友一个人坐在沙发上赌气。

过了一会儿,灯光一闪,一双闪亮高跟鞋从厕所蹬出来，伴随着"姐妹，你的天来了"，原来"七舅脑爷"把自己扮成了"姐妹"，伴随着女朋友震惊、开怀大笑的"我的天呐"，彼此的尴尬被巧妙地消除了。

这条视频收获了 200 多万点赞、8 万多条评论、4 万多次转发，涉及的感情有友情，也有爱情。面对两难选择，用这种另辟蹊径的方式来解决，这就是"七舅脑爷"视频的有趣之处，这样特别容易带动用户点赞、评论、转发。

3. 友情

友情元素在众多爆款视频中都有体现。比如拥有 400 多万粉丝的"李晓萱"，拍摄的标题为"闺蜜国企辞职，我尽我所能给她最完美的旅行，因为我们是彼此的底气"的视频，讲了李晓萱在知道闺蜜要从国企辞职后，给闺蜜买了她中意很久的包作为辞职礼物，还定了一起去斯里兰卡的机票，"一起收拾行李，一起查攻略，再一起踏上飞往斯里兰卡的航班，去坐她梦想中的海上小火车。得知她任性辞职，我没有斥责，不去询问，只想给她圆梦，陪她去疯。"看了这条视频，很多人在评论区留言"好想要一个同款闺蜜""这样的闺蜜麻烦给我来一打"，这条视频获得了 20 多万条评论、200 多万点赞和 10 多万次转发。

与此类似，抖音优质美食博主"王豆豆爱逗逗儿"，拍了一条自己给闺蜜准备生日惊喜的视频，标题为"艾特你闺蜜呀！叫她来宠你！嘻嘻"，讲了自己给闺蜜准备一重又一重惊喜的过程，大家在评论区化身"柠檬精"，纷纷留言"羡慕你们的友情"，同时@自己闺蜜的人不在少数，这条视频点赞破50万，而且产生了连带效应，后续她发布的一条标题为"惊喜结局揭晓！记得艾特你闺蜜来呀！让她学嘻嘻哒"的视频，同样点赞破50万。

对于老年网红们，友情元素同样适用。比如"金苞娜"（罗姑婆的好闺蜜）拍摄的视频"我们的感情不可动摇"，讲了金苞娜和罗姑婆之间的友情不是靠金钱来维系的，当罗姑婆知道金苞娜破产时，不是选择离开，而是倾尽所有来帮助她。另一条视频"最怕的不是一无所有，而是没有人陪你重新来过……感谢有你"，则描述了金苞娜破产时，为了不拖累自己的好闺蜜罗姑婆，只想悄无声息地离开，但是罗姑婆察觉出来了，变着法子留住金苞娜。加了友情的故事，格外感人，这两条视频都获得了百万点赞。

5 种情绪

5 种情绪分别是愤怒、怀旧、愧疚、暖心、爱国。

1. 愤怒

抖音博主"爆炸姐妹"有 400 多万粉丝，其拍摄的标题为"改了自家 WiFi 密码，没想到被邻居怼了……"的视频讲述了主角北北发现自己连不上网络，顺手把密码改了，没想到邻居阿姨找上门说"你家网络怎么回事，我孩子上网课连不上网了"，随后还对北北大打出手。大家看了邻居阿姨的这种行为，都为北北抱不平，评论区的高赞评论是这么写的："我隔壁也经常连我家网，我有时候网页都刷新不了，哭了"（10.5 万点赞）；"干得漂亮"（7.3 万点赞）……其实，大家的这种愤怒，不仅仅是为了视频中的北北，更多的是，在现实生活中自己也常常遇到类似的情况，这条视频给这种愤怒找到了一个出口。视频结尾，北北对着胡搅蛮缠的邻居阿姨大呼"自己去买路由器！"这种视频有超过 200 万的点赞，可见大家对它的认可。

"钰虹"创作的标题为"保姆的行为也是醉了，小萝莉怒了直接发飙"的视频塑造了一个特别爱占雇主家便宜，花雇主的钱，自己敞开肚皮吃的保姆形象，家中的小萝莉遇到这样的保姆，生气之余，也只能说句"慢点吃，别噎着"。这也是很多人日常生活的反映，有时候找不到方法来排解愤怒,也只能像片中的小萝莉一样选择忍耐。正是这种愤怒感,让评论区中这条"孩子最后一句话说得给力"的评论获赞数高达 16 万。这条使用愤怒元素创作的视频,除了收获百万点赞,也让其账号一夜间涨粉 9 万多。

除了找到日常生活中让大家有愤怒感的事情进行创作,你还可以对一些大家有强烈愤怒感的时事话题发表自己的看法。比如"Caroline 涵涵姐"创作了一条标题为"中国不养巨婴@人民日报 - 姑娘你是真渴吗"的视频,涵涵姐在视频中表示,这位吵着要喝矿泉水的意大利留学生,不看时间和地点的"巨婴行为"真的错了,并发自肺腑地陈述了自己的理由。大家看完这条视频,在留言区纷纷表示"姐姐讲得好"(2.8 万点赞)、"口才真棒,骂人都这么有水平"(6.3 万点赞)。这条视频的点赞量也达到了 300 多万,这正是因为涵涵姐将大家对于这个新闻事件的主人公的愤怒感表达出来了。

所以,结合日常生活场景或是新闻时事,找到大众的愤怒点,就可以通过短视频表达你的态度。

2. 怀旧

大家都有过一去不复返的青春年华,坐在高中教室里和同学们并肩作战的情形,是每个成年人难忘的记忆。"合肥新闻广播"的一条标题为"怀念啊我们的青春啊",讲述了一名同学用相机偷偷拍摄自己的老师,没想到被老师发现了,老师拿过相机,翻转镜头,拍下了教室里的同学们。短短 23 秒的视频,为什么会收获 400 多万的赞?正如评论区所言:"老师很好啊,没有呵斥,反而留下珍贵的记忆""因为老师也怀念过去的青春"……其实,这也唤醒了屏幕前的大家对青春的回味。

所以,利用怀旧元素,让大家重温珍藏的回忆,这样的视频大家乐于送上点赞并在评论区表达怀念之意。

3. 愧疚

2020 年 3 月末在抖音上有一条点赞数 200 多万的视频,用的便是这种愧疚的元素,视频标题为"县城的房子很少来住,家里网速很慢我就把它关了,下午出门回来看到眼前的一幕",点开视频是一扇门,门扇贴着一张纸,上面写着这样的话:"阿姨,您家网络密码改了,我上不了网课。我爸爸妈妈外出打工,家里没安装网络,这是我奶奶送您的鸡蛋,希望您别嫌少。谢谢阿姨!"视频的拍摄者"我"正是这位阿姨,看到这张留言条以及满满一筐的鸡蛋,"我"对这位小朋友感到愧疚和心疼,而隔着屏幕的大家则是被"我"的这种愧疚和心疼感所感动。更有网友留言:

"孩子,把你奶奶电话号码给我,哥哥给你办一张无限流量。"这条留言的点赞数超过 10 万。

愧疚还多和爱情有关,像有条标题为"对不起,我来晚了"的视频,点赞数破百万,讲了男孩和女孩分开三年后,男孩终于买了房子,到女孩家门口想找女孩,拨通电话后,电话里传来小朋友的"喂喂喂"以及"不要玩妈妈手机"的声音,等电话换到了女孩手上时,她问:"谁呀?"男孩这时很慌乱地说:"不好意思,你这电话和我以前一个朋友太像了,不好意思,打错了,打错了",女孩这时听出来这是她爱过的男孩,她说:"刘赛,下辈子,早点娶我。"男孩不再说话,屏幕上出现:"这辈子祝你幸福,下辈子等我。"爱情里的错过交织着两个人的抱歉,正像有一条高赞评论里说的"下辈子早点娶我,这句话真的好无力",这就是牵动人脆弱感的愧疚元素。

4. 暖心

"李子柒"的视频内容,除了表达出对中国田园生活的怀念,还透露出暖心,很多网友表示,看完她的视频,可以在自己忙碌的生活中,发现一丝平静。在越来越快的生活节奏下,大家越发渴求一些可以触动自己内心的温暖内容,无论是让人感动落泪,还是让人哈哈大笑,都可以成为给大家慰藉的暖心元素。

如果你有喜欢的偶像,那么见到偶像的时刻,是不是会激动到落泪?抖音博主"李晓萱"就做了"粉丝圆梦计划",她帮粉丝见自己喜欢的偶像,帮粉丝在周杰伦的演唱会上求婚,她会专门飞去一个城市去见粉丝。大家纷纷被她这种实力宠粉的行为感动,更是收到了暖心的安慰。所以,她的"粉丝圆梦计划"火了,收获了百万点赞。

人与人之间的温暖举动会让人感动,宠物和人之间也是如此。拥有千万粉丝的抖音宠物博主"金毛路虎",从金毛狗路虎的视角,拍摄它的贴心与善良。比如有条标题为"狗狗的心思很单纯,你需要帮忙,他就来了,没有利益,没有得失"的视频,讲的是路虎帮"妈妈"外出倒垃圾的时候,看见一位阿姨热饭的要求被店家严厉拒绝,店家还把饭直接摔在了地上,它看见了,"二话不说"叼起饭回家,帮阿姨把饭热了。大家被狗狗的善举感动,纷纷点赞,这条视频有 200 多万点赞,还上了抖音热榜。

除了让人感动,让人感觉舒适也是暖心的表现。比如"食光厨房",当前粉丝数为 30 多万,其中的 6 万多粉丝,是由一条点赞破 60 万的视频带来的,视频的标题为"如果没有人护你周全,那就酷到没有软肋。"这条视频挑选了一首轻快的曲子作为背景音乐,伴随音乐,切黄瓜、磕鸡蛋、点灶火、放杯子、调饮料，加冰块。每一步的卡点都特别完美，视觉和听觉的完美配合，让人感觉特别舒适，就像有条高赞评论"卡点舒服"描述的那样。

5. 爱国

《新闻联播》的抖音号于 2019 年 8 月 24 日正式开通，10 天内吸粉 2000 多万，它的第一条视频点赞超 1700 万。《新闻联播》以新的面貌在短视频平台播报新闻，深受大众喜爱。这其实反映了人民群众对于"国家"这个词的认同感。

在《新闻联播》抖音号的一条短视频中，主播康辉说："就在刚才，我们又得到一个好消息，我国运载能力最强的重量级小哥——长征五号运载火箭在海南文昌复飞成功。'胖五'经历过挫折，而时隔两年之后，上演了'王者归来'，'胖五'威武！"本条视频点赞超过百万，很容易激起观众的爱国情绪。

对于个人账号而言，利用爱国元素，同样可以做出爆款短视频。比如"Peter 教口语"，他的这条标题为"这样回答没毛病吧"的视频，收获了 200 多万点赞。这条视频以自我讲述的方式，讲了他在星巴克备课时，遇到一个外国人在边上打电话，声音特别大，然后他用中文提醒了这位国际友人,希望他稍微安静一点,没想到对方上下打量了他一番,说:"English,please",然后他就用特别流利的英语表达了自己的需求,用口语征服了这位国际友人。我们看评论区可以发现,大家都在夸 Peter 的反击帅呆了,大家这种高涨的情绪,反映出来的就是爱国元素。

如果你是外国人,同样可以围绕爱国做选题,比如"大白外教英语"。大白是一名外教,他开设这个抖音号发布英语知识,是希望帮助一些没有条件上外教课的中国小孩学英语。他是一位特别正能量的老师。在新冠肺炎疫情期间,他多次为中国发声,他的这条标题为"我爱中国,这样的老外都应该离开中国"的视频,就表达了他对中国的真实态度,他认为"中国应该是全世界对外国人最友好的国家,你们不应该一边享受中国的优待,却又在私底下骂中国的不好",引发了大家的共鸣,有人就在评论区留下"不管是哪国人,什么肤色,做人都应该凭良心说话!凭良心做事!",以及"中国对外国人非常友好,这是大实话",大家自发地说出了自己的"中国态度"。爱国元素为这条视频带来了 200 多万点赞、8.5 万条评论以及 2800 次转发。

对于单条视频,选择 1~2 个元素做到位,就能得到用户的喜欢。比如"小小食界",有条标题为"夏天就是要吃小龙虾，油焖大虾走起，配上啤酒，这生活悠哉悠哉"的视频，就是用了怀旧+暖心的情绪元素，这条视频让她涨粉50多万，获得260多万点赞。她利用自身极具怀旧气息的道具做了盘油焖大虾，再开了瓶啤酒，大家对儿时夏天的回忆一下子被唤醒了。

还有像剧情类的头部博主"安然"，有着300多万粉丝的她，利用"愤怒+暖心"元素创作了标题为"善意的谎言，为谢善良的你。"的视频这条视频讲了这样的一个故事，一位拾荒人在茶叶蛋摊前，想用一个口罩换一个茶叶蛋，老板娘举起口罩看了看，发现口罩是不合格的，便对拾荒人说不行。连口罩都没舍得戴，只是戴着塑料袋做口罩的拾荒人，很无奈地叹了口气："这是我卖瓶子的钱全买了口罩，想捐给医院，可医生说这不符合标准。"站在一旁的安然被感动了，花钱买下了老人的口罩，守护他的善意。当安然向老板娘买茶叶蛋，问多少钱时，老板娘轻轻道了句，"一个口罩吧。"看完这个故事，大家会对欺骗老人的无良口罩商家感到愤怒，也会被拾荒人的善意所感动。这条视频获得了200多万点赞。

人的情绪是丰富的、多元的，我们可以考虑组合使用上述的5种情绪来制作视频这样更容易做出爆款。

2 个因素

接下来看两大因素：地域和群体。我们在做选题时要精确分析目标受众，这样才可以根据目标受众定制出他们真正喜欢的内容。

1. 地域

在选题上，加入"地域"元素，可以介绍这个地域的风土人情。比如"东北人（酱）在洛杉矶"拥有千万粉丝，其内容主要是分享自己和好友们的日常互动。大家可以通过他们的视频，了解生活在洛杉矶的华人的生活状态。还有如"保罗在美国"，这是一位生活在西雅图会说东北话的上海人，他做了一个特辑"不一样的西雅图生活"，播放量达10亿多。其中一期收获点赞90多万的视频吐槽了美国人工作效率低，分享了他们两个人拍摄证件照花了两个小时的奇葩经历。这样有趣写实的内容，身在美国的朋友会有共鸣，而国内的朋友，如果想要了解美国当地的风土人情，通过这些视频就可以。

还可以探讨这个地域的人群感兴趣的话题，比如"都靓Amber"，在开通账号之后，连续发布多条与北漂相关的内容，如"你见过凌晨几点的北京？""在北京生活成本是多少？"等，此类与地域结合的选题，暗含了后续会提到的群体，这里的一大群体就是北漂青年。利用地域因素，做该地域群体感兴趣的选题，可以更快地走进他们的内心。

也可以结合地域名人来做选题，比如"方天夜谈"，方天是绍兴方言发音人和绍兴评话说书人，他想要在抖音上传播此类文化。他非常巧妙地找来了绍兴文化名人鲁迅来做选题，其中一条标题为"鲁迅说，我也没想这么多啊"的视频点赞超过90万。他想借视频告诉大家，鲁迅把"睡觉"写成"困觉"，并不是特别高深的用词手法，而是因为鲁迅是绍兴人，在绍兴话中说"睡觉"，发音就是类似"困觉"二字的音。这样的解释有新意又在情理之中，更结合了"语文老师爱做过渡引申"的梗点，自然大家会乐意去了解他所传播的绍兴方言。

说到方言，在内容展现上，这也是地域元素的一大应用。比如"罗姑婆"的四川话、"多余和毛毛姐"的贵州话、"鮀城大叔"的潮汕话、"大连老湿王博文"的大连话、"戏精牡丹"的太原话……这些方言除了可以吸引当地的人群，其他地方的用户也会觉得这些方言可爱，从而开始关注他们的账号。

2. 群体

"努力要上天"拍摄的视频"被东北室友带跑偏需要

多久？"仅仅 18 秒，一天新增播放量达到 4117 万。视频讲述在大学宿舍里，大一入学时一个东北人，大学毕业全是东北人。北航小伙演绎东北大汉，东北话满分十级，第二天室友就被东北话带跑偏。

　　这条内容应用的是"群体"这个元素，短短的视频覆盖了三个群体。

　　一个是大学生群体，他们看到这条视频会回想起他们大学的生活。另两个群体分别是东北人和被东北人带跑偏的其他地方的人。因为东北话有着极强的感染力，很多人都被东北人带跑偏过。看到这条视频，那些曾经被带跑偏的人也回忆起自己的"惨痛经历"，这条视频通过群体的要素再次激发了大家的共鸣。东北人看到这条视频会感觉到很光荣，因为体现出东北话是可以感染全世界的。这条视频涵盖的群体范围很广，选择的话题极具广泛性，所以仅仅应用"群体"这一个元素就取得了很好的效果。

　　以上这些案例很好地应用了十大元素，有的案例还把十大元素中的部分元素完美组合在一起，碰撞出了新的火花，可以说这是一种必火方式，只要按照这个方式执行下去，视频就一定能火。

第 2 节
3 种方法

上一节介绍了选题的十大元素,本节介绍 3 种具体的选题方法:蹭热点、经典内容短视频化、热点评论法。

蹭热点

1. 实时热点

2020 年 4 月 23 日,周扬青在社交平台发文,宣布自己与罗志祥分手,文中还爆料罗志祥与多位女工作人员有不正当关系,这条分手消息瞬间引发全网热议。在这个热点事件下,曾经与罗志祥合作过《美人鱼》的张雨绮,在 4 月 24 日,利用了这个热点拍摄了标题为"看是你的腿长得多,还是我的剪刀快!"的视频,点赞超过 300 万。在视频中,张雨绮手起刀落,很利落地把一条八爪鱼的"腿"全部剪没了。由于罗志祥曾在《美人鱼》中扮演过八爪鱼,所以张雨绮在这条视频中借八爪鱼隐喻罗志祥。她将八爪鱼的"腿"剪断,借此表达自己对这种在爱情中缺少责任感的行为的强烈不满,这和大家的情绪一致。大家要多关注实时热点,并在第一时间发布与热点相关的内容,这样容易做出爆款。

2. 内源热点

抖音是一个流量非常集中的平台,为了防止用户审美疲倦,平台经常会上线一些有意思的玩法。

比如有段时间在抖音上标题为"为什么有些视频不能倒放"的内容特别火爆,视频正常播放看起来特别正常,但是一倒放,就很容易迷惑用户,因为有趣,所以很多人争相模仿。

对于抖音内源热点,要么1:1快速还原,要么在结合账号人设的基础上做出差异和创意,这样火起来的概率才会比较大。

3. 固定热点

此类热点以节日和特定的时间段为主。

比如 5 月是 520、521 告白季。

我在腾讯工作的时候，负责的是情感品类，当时做 520 专题的时候就在考虑和 520 有关的是什么呢？后来发现是表白、求婚。沿着这个思路，我们参考了所有视频平台的数据，集中考察了多个梗的转化效果，发布了标题为"快到 520 了，快跟你心里的那个他/她告白吧！"的下跪求婚视频，获得了千万流量。

6 月和 7 月是毕业季。可以分享同学之间、同学和老师之间的不舍之情。比如专门做毕业照拍摄的"月鸣毕业季"发布了一条标题为"有些话，如果当时不说出口，以后也没有机会说了"的视频，在视频中，即将毕业的小女孩情绪激动地说着："我舍不得这所学校，我舍不得这间教室里所有的同学，我舍不得赵老师……"这条视频和账号的定位非常贴合，如果选择在 6 月和 7 月发布，点赞量一定会更高。

10 月 1 日是国庆节，与祖国发展、人民生活变化相关的内容也是很好的国庆节视频素材。我们可以分享假期趣事，或者被迫加班的痛苦等。

12 月 25 日是圣诞节，视频内容可以是扮演圣诞老人给别人送礼物，甚至可以扮演圣诞老人偷偷地给喜欢的他（她）送去一份惊喜，更是别有一番风味，相信会得到无数人的点赞。

1月1日是元旦，是新年的开始，在这天大家可以尽情地许愿，对新的一年做出美好的展望，新年要有新气象，一切都从新的一天开始。

除夕对每个中国人来说都是一个非常非常重要的节日，在除夕这天晒年夜饭就成了很关键的环节，家家户户都在晒年夜饭，你家的年夜饭足够有特色吗？没关系，有没有特色都可以拿出来晒晒。这一天也是人们互发祝福的高峰，收到的精彩祝福，或者发现好玩的祝福，都可以在这一天分享。

除夕的第二天是大年初一，与春节有关的拜年、走亲戚串门的趣事都可以分享，今年有没有被催婚，七大姑八大姨是怎么评价你的职业的，包括对春晚的吐槽、对年味儿的感受等都可以发。

平时拍一个吃饺子的视频可能就几万播放量，但是在过年的时候拍，却非常容易成为爆款。

以上这些热点完全可以用视频的形式展现出来，就像之前微信公众号追节日热点，短视频也一样可以追，相同的套路不同的展现形式而已。

经典内容短视频化

经典内容短视频化就是把很多经典的长视频进行截取，

选择其中的精彩片段作为短视频。

"名侦探小宇"的粉丝数超过了1400万,她的视频内容像是短视频版的《今日说法》。视频中的犯罪手段等取材于《今日说法》,以《今日说法》揭露的犯罪手段为基础,重新策划剧本,再以短视频的长度合理安排视频中的起承转合。这样的内容发布于抖音,对其他内容足以造成"降维打击"。因为能出现在电视上的节目、电视剧、影片等都经过了专业的制作团队反复打磨,其内容质量绝佳,比起大多数普通人苦心打磨剧本,这样往往更容易取得好的效果。

还有"灵魂当铺",这个账号一推出就很火爆,账号在2019年3月9日发布第一条视频,两天内就收获了40万粉丝,获赞400多万。为何会有这么火爆的效果呢?正是因为它的原型,是2003年推出时就风靡全国的经典影视剧《第8号当铺》,在这部剧中,人们可以到当铺典当爱情、友情或是亲情来满足自己的欲望,别致的题材吸引了大批粉丝,这在一定程度上奠定了"灵魂当铺"的粉丝基础。同时,有别于《第8号当铺》是利用人们的贪欲来收取典当者的灵魂,"灵魂当铺"是真正在做典当,"一经典当,永不赎回"。通过当铺老板娘胭脂和典当者之间的互动,让屏幕前的用户思考其中的得失。比如一条标题为"你真的关心过孩子吗？"的视频，描述了一位成绩不好的小朋友，抱了一堆自己喜欢的东西来当铺典当，希望老板娘胭脂可以帮助她把成绩变好，这样爸爸妈妈就不会因为她天天吵架了，她害怕这样下去，爸爸妈妈会离婚。胭脂拿了她的棒棒糖作为典当品，但是告诉她，成绩还是要自己努力学，但是她会让爸爸妈妈一直恩爱下去。这条视频就是以灵魂当铺为场景，讲述了家庭中被忽视的小朋友的心理状态，启发父母去思考。

还有两个月内涨粉 1000 多万的"食堂夜话"，则是参考了经典治愈日剧《深夜食堂》，视频以"我是老黑，在这个城市开了一家料理店，每天 23 点营业"开头，完美复刻了《深夜食堂》的开场白："一天结束了，大家都回家了，而我的一天才开始……营业时间从晚上 12 点到次日早上 7 点"。在此原型上，老黑讲述了来料理店的人们所发生的故事，借此讲述情感道理。比如"比起倾诉，我们更应该学会倾听"里的爱情、"请你相信，坚持的人终会得到掌声"里的成长、"小丑是给人带来快乐的还是被人取笑的呢？"里的寂寞……不同的故事，不同的情感、不同的思考，来店里吃饭的人来来去去，老黑的料理一直都在，和《深夜食堂》的成功一样，老黑在它的基础上讲述的故事同样温暖治愈。

所以，借助经典剧集，把它用短视频的手法进行再创造，同时结合十大元素，演绎当代故事，更容易走进用户心中。

热点评论法

网易云、知乎这些平台有非常多特别好的评论，每一个评论都是一个故事，比如网易云热评的内容，由于评论大多都是简单地陈述了一下自己或者他人故事的经过，所以并不是那么生动具体，但只要你将这些打动人心的画面脑补出来，再用文字去分割每一个镜头，并结合好的表达的方式，那就是一个生动的脚本了。

比如在歌曲《The truth that you leave》下的评论：

@lv：有一年在地铁上，那天下雨，我被淋透了。我记得那节车厢人很少，我旁边坐了一个由妈妈带着的小姑娘，她递给我一只耳机说"一起听吧？"临下车时，我问她这首歌来自谁，她告我是Pianoboy，我用了一个晚上几乎听完了Pianoboy所有的歌，终于找到了这一首。我和那个女孩有99%的可能不会再相遇，但我大概永远不会忘记她对我说"一起听吧？"时那纯净的眼神。

@宋夫人的杜先生：第一次是在高中，你让我坐在琴室听你弹刚学会的曲子；第二次是高三的晚自习，一人一个耳机,你在纸上写着"试着和你在一起";第三次是在大二,我牵着你的手走过小巷,这首钢琴曲在旁边的小店缓缓播放;第四次,我在北纬39°的北京刷着你的微博,看着你在南纬37°的墨尔本牵着另一个男生的手,笑靥如花。

又如毛不易老师的《平凡的一天》下面的评论:

@写给给远方的蓉和院:曾经的我们也这样子,每天在操场上、教学楼下,有聊不完的话题,有散不去的欢歌笑语。可是时间飞快,我们都在路上奔波忙碌,一个在深圳每天加班到很晚,一个在四川参加各种考试和面试。而我在西安即将毕业,什么时候我们再聚在一起,不去考虑复杂的生活,让晚风轻拂着脸颊,一起讲述着我们平凡的一天。

找到优质评论的核心内容,然后加上自己的观点,这就是"伪原创"的核心逻辑,并且这种做法也可以保证你能持续输出内容。

在短视频的世界里你不知道什么内容是可以一夜爆火的,但这也是它的魅力所在,在长视频里很多看似无趣的内容转化成短视频也许可以取得意想不到的效果,这其中最关键的是你有没有一双善于发现的眼睛。搬运工每个人都可以做,但可以点石成金的搬运工却极少,希望大家都可以拥有这种点石成金的能力。

我们在平时要多关注优质账号发布的视频,总结他们用了哪些元素、哪些方法,并去理解这些方法。相信用好十大元素和 3 种选题方法,我们就能很快做出受用户欢迎的好内容。

第 6 章

爆款内容结构：黄金 3 秒开头 + 2～5 个爆点 + 白金结尾

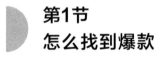

第1节
怎么找到爆款

我们可以通过第三方平台找到爆款视频，常见的分析平台有：

(1) 飞瓜数据（https://dy.feigua.cn/）

(2) 新榜（https://www.newrank.cn/）

(3) 清博指数（http://www.gsdata.cn/）

我们可以通过关注竞品账号来找爆款视频，这是账号的角度；也可以从搜集素材的角度，直接找到爆款视频。下面以飞瓜数据为例，来教大家如何找到抖音上的爆款视频。

账号角度

从账号的角度分析，通常参考3个维度：头部竞品账号、内容领域排名相近的账号、垂类数据表现突然异常的账号。

1. 头部竞品账号

头部竞品账号，是指在某一个领域内，排名长期靠前的视频账号，账号能做到这一点，可见其发布的内容，一定有值得借鉴之处。

参考做法：打开飞瓜数据—抖音版，选择①播主排行榜，②行业排行榜，③选择周/月榜，④选择内容领域，⑤就可以找到你选择的领域的头部账号了。

下图便是用这种方法，找到了情感领域的头部账号"冬冬和37"，大家可以定位自己感兴趣的领域，找到排名靠前的头部账号进行分析。

2. 内容领域排名相近的账号

除了关注大号，还需要关注"直接竞品"，也就是内容领域排名相近的账号。

参考做法：打开飞瓜数据—抖音版，选择播主搜索—高级搜索，进入高级搜索页面。

在高级搜索页面，选择内容领域，和你的账号粉丝数相近的粉丝指标，之后点击搜索，就可以找到与你的账号所在的领域排名相近的账号了。

注意，下图的一些搜索指标没有选择，包括飞瓜指数、粉丝的地域、年龄等，当你的账号在飞瓜上有指数出现，且有粉丝画像后，可以做这部分的筛选，来找到和你的账号定位更接近的账号。

3. 垂类数据表现突然异常的账号

垂类数据表现突然异常账号同样需要关注,找到这部分账号,分析它们怎么在一个垂类内容领域突然火了,是因为某条爆款视频,还是官方的流量扶持等。

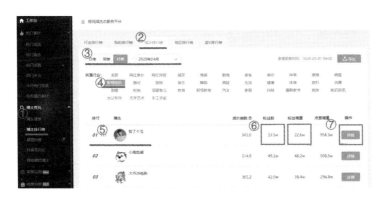

参考做法:打开飞瓜数据—抖音版,选择①播主排行榜,②成长排行榜,③关注什么时段的内容,④内容领域,⑤从排行榜中找到对应的账号,⑥查看指标,⑦查看详情。

比如,这里找到了 2020 年 4 月在影视娱乐领域成长排行榜上排名第一的账号"剪了个瓜",上图中⑥处的数据表明,这个账号的粉丝数33.5万,在4月涨了22.6万,这就是我们要找的垂类数据表现异常的账号。接下来点击上图中的⑦详情,进入它的账号主体页,见下图。

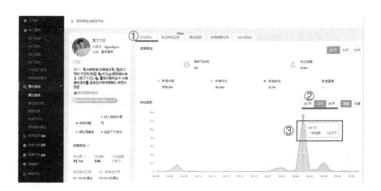

选择①数据概览,选择②30天(监测这一个月的涨粉情况),可以发现③在4月25日,当天粉丝数增长了13万多。

见下图,选择①播主视频,选择②监测异常的4月25日前三日内的发布情况,选择排序方式③最热。

我们可以发现，这个账号在 4 月 24 日发布了多条和罗志祥分手相关的热点视频，其中出现了点赞数 185.6 万的爆款视频，这条视频讲了张雨绮在抖音发布的剪八爪鱼的视频，影射罗志祥。这其实使用的就是蹭热点的方法。

素材角度

我们还可以直接搜索自己想做的选题，找到可用的热门素材。

参考做法：打开飞瓜数据—抖音版，点击①热门素材—热门视频，选择②内容领域，③搜索关键词，④选择点赞量（建议分析 50 到 200 万之间的），⑤选择时间段，⑥找到自己要找的爆款视频素材。

上图便是利用这种方法找到了在情感领域下包含"喜欢"关键词，近 90 天内点赞超 200 万的爆款视频。

用同样的方法，可以找"热门素材"这个栏目下的热门音乐、热门话题、热门评论。

此外，我们还可以关注今日热门视频，这里提供了热门视频带来的粉丝量和点赞数，并支持导出数据，可以从这里直接搜集爆款视频素材。

回顾一下，利用第三方数据平台找到要分析的爆款视频内容，主要有两个搜索角度：

（1）账号角度：关注头部竞品账号、内容领域排名相近的账号以及垂类数据表现突然异常的账号发布的内容。

（2）素材角度：利用关键词直接搜索爆款视频、关注今日热门视频中可用的爆款视频，加入自己的素材库中。

用好第三方数据平台搜索爆款视频，相信你的爆款素材库里的内容会越来越丰富，在创作上就不会再觉得没有可借鉴学习的素材了。

第 2 节
通用爆款公式

我们拆解了 1000 个爆款,发现爆款是有公式的,本节会具体介绍这个公式:爆款 = 黄金 3 秒开头 + 2 ~ 5 个爆点 + 白金结尾。用好这个公式,可以让视频快速获得点赞和评论。

黄金 3 秒

短视频能否吸引住用户,用户只会给你 3 秒的时间。如果 3 秒内没有吸引住用户,他就会滑过,即使视频后面的内容很精彩,也不会被欣赏到。就像是找工作一样,简历筛选不过,即使再优秀也不会有面试的机会。

那前 3 秒怎么样才能吸引住用户呢?

视频开头减少铺垫,直接抛出激烈的冲突点,快速吸引用户的注意力。一定要有冲突点，要么是大家最痛恨的行为（老人插队），要么是激烈的争吵（直接打起来），要么是引人深思的问题，要么就是最近的热点事件。

总之，视频前 3 秒要做到让用户看完以后注意力被快速吸引。短视频时代，每 1 秒都关系着视频内容密度与输出节奏，每 1 秒都有效。这是短视频内容的硬性要求，在发出视频前，一定要注意黄金 3 秒的视频开头能否吸引住用户。

2～5 个爆点

开头的 3 秒吸引住用户以后，接下来需要的是信息点足够多，一般来说，每个爆款视频都会具备 2～5 个爆点，也就是用户可以评论的点。

举个例子：之前抖音上火了一个玩法，就是一男一女在地铁上下扶着栏杆，女孩的手慢慢向下移动，想握男孩的手，然后男孩握住了女孩的手。这类视频在抖音中有很多，但其中最火的一个视频，其脱颖而出的点，不是因为拍摄手法多好，也不是男女主角的颜值多高，而是视频里面出现了一个路人，他的笑容特别夸张。

点赞排名前三的评论都是在说这个人的笑容，就是因为这个点，这个视频成为该玩法最火的一个视频。

很多人都好奇，一个没多少粉丝的账号，视频中男女主角的颜值也没有特别高，为什么能爆火？

因为它在有限的时间内，提供了足够多的信息，而这足够多的信息会引发足够多的评论点。

同样还有一个爆火的电视台女主持人看书的视频，当时引来很多人模仿，有模仿主持人说话内容的，有模仿主持人动作的，甚至还有把视频场景进行还原的。

但都没有原视频火，究其原因，其实是那个女主持人把书拿倒了，很多人都在评论区里说书拿倒了。这个把书拿倒就是一个评论点。

这也启示我们在模仿爆款视频的时候，要学会从视频的评论区找到爆款的精髓。高赞的和视频相关的内容就是该视频的爆款评论点。

视频最好的地方，用户已经用评论的方式找出来了，这也就是前面强调要关注评论区的原因之一。

在抖音，一个视频能否成为爆款的核心是：互动率〔（点赞数+评论数+转发数）/观看人数〕×完播率（看完人数/观看人数）值的大小。值越大，越容易进入下一个流量池，而视频也会越来越火。互动率里面权重最大的其实是评论，足够大的信息密度就给了用户足够多的评论点，这样视频爆火的概率就会更大。

所以一条视频必须具备2～5个爆点，这样才能获得更多的流量，才有可能成为爆款。

白金结尾

就像写文章要求龙头凤尾一样，短视频也是如此，一般好的结尾分为以下三种。

1. 互动式结尾

互动式结尾就是在视频结束时和用户互动，比如问一下用户有没有类似的经历。

比如之前我做过的一条爆款视频，讲的是一个关于前任的爱情故事，结尾的时候问了一下，你有没有一个念念不忘的前任？以此来引起用户的共鸣，后来发现评论区里有好多前任的故事：

@百事可乐：他们是一对早恋的高中生，后来女孩考上二本，男孩出国留学，就那样散了。毕业后，她没选对口专业而是选择当空姐。终于，在飞机上他们不期而遇，他惊讶地开口问道："你怎么会当空姐？"她笑着回答道："我在等一个人，我希望他回国的第一时间，遇见的是我。"然而男孩却向她介绍了身旁的妻子和孩子。这就是生活。

@夜归人你好：一个人看了一场电影，不想回宿舍，一个人走在街头，像俗套的电影情节，点起一根烟，在最寒冷的季节，看着这个温暖而又不属于我的城市，徘徊了好久，终于拨通了她的电话，我没有说话，只听见电话那头的一声"喂？"便潸然泪下，我就像个偷到了奶酪的仓鼠，小心翼翼又心满意足地挂断了电话。我就是突然好想你。

2. 共鸣式结尾

共鸣式结尾指的是在视频结尾处放一句特别容易让人产生共鸣的话，来吸引用户转发。

有一个超 2 亿播放量的视频，讲的是一个毕业以后邀请之前的同学参加婚礼的故事，同学本来因为事情多没准备去，但后来想起了种种往事，就去了。视频结尾处是这么一句话："多少友情都被时间打败，但是我们没有。"

当时正值毕业季，视频发布后引发了大家对友情的回忆。视频被推到 2 亿多次播放，获得了 650 万赞，很多朋友都在留言区里讲述了自己的故事。

3. 反转式结尾

反转式结尾指的是通过讲述、表情、动作在视频结尾部分强行反转。

比如一条视频涨粉 80 万的"姜十七",有一条标题为"不要以片面评判一个人,耳听为虚,眼见不一定为实"的视频,欲扬先抑,在视频前面塑造主人公特别讨厌的形象。主人公拿东西不给钱,插队,把别人的手机摔坏,结尾是反转,其实"拿东西不给钱"是拿一个棒棒糖当租金,"插队"是因为有小偷,"把别人的手机摔坏"是为了给别人生活费。最后用一个非常灿烂的笑容完成了剧情的反转。

又如"月十三"发布了一条标题为"当上帝要救你时,发送给你的可能是令你厌烦的拯救信息"的视频,在视频中,一个女孩两只手捧着满满的快递,不小心有个快递掉了,正巧看到边上有个叼着棒棒糖的女孩,她便说:"你好,请问可以帮我捡一下吗?"叼着棒棒糖的女孩笑着答应了,但是毫无行动,依旧在吃棒棒糖。拿着快递的女孩特别生气,无奈只能自己去捡快递。这个时候,楼上掉下一个东西,正好砸在她之前站的位置,然后她看到,叼着棒棒糖的女孩消失了,隐喻是来帮助她的上帝。这里的结尾就是一个反转,我们原本以为叼着棒棒糖的女孩不善良,不愿意俯身帮忙捡东西,但是没想到她的无作为让拿着快递的女孩挪动了位置,反而救了她。

反转式结尾多为了突出与视频中某个信息相反的结局,制造反差,给人留下反差后的惊喜、笑料。

最后，我结合两个案例，来给大家拆解一下如何应用爆款公式。

比如我做的"老马有点虎"这个账号发布的第一条视频的播放量就超过了1000万，下面来分析一下。

黄金3秒：老人插进了等公交车人们的队伍，别人问他凭什么插队，他说因为我是你大爷（开头就体现了这种大家特别讨厌的"坏人变老"的感觉，体现了老人的"没素质"，把矛盾直接抛出来）。

爆点1：女孩比较烦老人，准备打车走，大爷却强行跟女孩坐车走（进一步突出大爷的"烦人"特点）。

爆点2：大爷强行让司机改道，女孩与大爷产生冲突，气坏了，直接下车（加剧冲突，增加老人的讨厌点）。

爆点3：女孩下车，收到大爷的纸条，说她被跟踪了，排队站到她身后的那个人和司机是一伙的（说明了大爷为什么这么为老不尊，插队）。

结尾：女孩拿出来电话，邪魅一笑，说大爷上车了（引发用户讨论，增加留言率。难道女孩是坏人，这个局就是套大爷的？）。

我们再举个例子来看看这个公式。

"钟婷xo"的视频"算了……你别去了……"，点赞量超过200万，评论和转发都超过3万。下面分析一下她这个视频为什么能爆。

黄金开头 3 秒：钟婷捂着脸朝着镜头走来，并说道："我出去一趟。"这里就给用户设下了两个疑问，为什么要捂着脸？为什么要出去一趟？引导着用户继续往下看。

爆点 1：钟婷在父亲的呵斥下把手拿开，鼻青脸肿的面对镜头（有隐瞒）。

爆点 2：面对父亲的质问，钟婷坦白她是和老公打架受的伤（夫妻吵架）。

爆点 3：父亲生气地询问自己女婿的下落，想找他问个明白（自己女儿受欺负了，怒火中烧）。

爆点 4：父亲得知女婿正在医院抢救，被钟婷打的（剧情大反转）。

爆点 5：钟婷演示如何将她的老公打进医院的，一拳把西瓜锤烂（高潮）。

金句结尾：那你别去看他了，我怕你把他氧气拔了（这句话非常具有喜感，看到这句话会有一种要喷饭的感觉）。

回顾一下爆款内容的通用公式：

首先做好"黄金 3 秒"，在视频开头就吸引住用户的注意力，让用户眼睛都不眨一下地往下看。

其次是在视频中间安插"2～5 个爆点"，让用户持续看下去。

最后不要忽视"白金结尾",利用互动、共鸣、反转的方式让用户情绪达到高潮。

类似这样的例子有很多,大家可以多去看看点赞榜首的视频,看看大V们是怎么利用爆款内容结构公式让视频变火的,从黄金3秒、2~5个爆点以及白金结尾的角度一一拆解并学习,只有看得多了,同时有意识地思考和学习,才能真正掌握这个爆款内容的通用公式。

第 3 节
怎么拆解爆款

拿到一个爆款视频,该如何进行拆解呢?建议你先把这个视频看 3 遍。

第 1 遍,把视频内容完整地看一遍,思考一下上一节介绍的爆款公式,然后记录下你记住的内容,这些内容是你从用户的角度感受到的,很可能就是这个视频的爆点内容。

第 2 遍,依照平台算法,给这个视频打上多个标签。首先是一级分类,抖音平台将所有的视频分为二十四大品类,如情感、搞笑、美食、汽车等,这是一级分类。然后还会进行二级分类,比如一级分类是搞笑类,其二级分类又会分为搞笑段子、搞笑情景剧等。在这些二级分类下还会有各种各样的标签,比如反转、戏精、直男、高颜值男、高颜值女等。平台通过这样的多级分类,来实现给用户的精准投放。所以,在日常搜集素材的时候,我们也要养成打标签的习惯,给一个视频一级一级地去分类,打上标签,放进素材库,方便自己以后调用。

第3遍,看评论区,关注点赞量前10的评论。从高赞评论里,我们可以找到用户感兴趣的内容,这往往也是视频的爆点,可以把其中好的内容整理进自己的素材库。

下面以旅行类Vlog为例,带大家拆解几个爆款视频。

首先看"房琪kiki"的这条标题为"如果这一生只有一次领略山河的机会,把它留给荔波吧"的爆款视频,目前收获190多万赞。

第一遍,我们从头开始看:

"这里像是一块地球送给我们的绿宝石。"

如果这一生只有一次领略山河的机会,把它留给荔波吧。

这里"如果这一生只有一次……"是关键,用户会觉得一生只有一次的机会都要留给荔波,好厉害,我一定要去看一下。这也就是爆款内容通用公式中的"黄金3秒"。

这个内容就可以直接模仿,如果你在做旅行类视频,你可以说如果这一生,只有一次机会感受震撼(景点特色),把它留给(景点)吧。替换一下你要介绍的景点,以及景点特色就好。我们接着往下看：

清晨的小七孔水汽弥漫，山是眉峰聚，水是眼波横。"云破日出，你是那道光束。"撑一艘船，误入水上迷宫。

从这里你会感受到她写得很有诗意，而你同时还要注意，这是她在开头的黄金3秒后，写的几个卖点。因为爱好旅游的人都比较喜欢文艺点的内容，所以视频中用诗意化的语言来描述。

关于如何表达出诗意的问题，如果山水是你的卖点，那么你可以在网络上搜集一些关于山水的诗句，在形容山水的时候，把好的诗句引用过来就好。

像这里用的"山是眉峰聚，水是眼波横"就是选自宋代词人王观写给友人鲍浩然的《卜算子·送鲍浩然之浙东》，词中以眼喻水，以眉喻山，来表达希望友人与这春光同在的心情。

又如"撑一艘船，误入水上迷宫"，是当年徐志摩在《再别康桥》里写到的"寻梦？撑一支长篙，向青草更青处漫溯"的化用。其实像这样的诗句，也可以直接引用。

所以，如果做"山水"这个方向，可以多读读山水诗人的诗词，以及现代名家关于风景的诗词散文，这些诗词可以复用。像我们当初做小红书的时候，就建了一个词句素材库。比如我们会把"鲜到掉眉毛"这种在平台很火的词汇收集到里面，需要时可以直接使用。

很多好句子，其实前人已经写好了，好好看别人写过的内容，可以引用的直接拿来用就可以了。

接着往下看。

树影婆娑，婷婷婀娜。那一刻我觉得，翡冷翠也可以用来形容颜色。"这是一段关于光影跟森林的故事。"神秘的暗河从卧龙潭悄然而过。一面水平如镜，一面虎啸龙吟。"卧龙潭上有仙气，难不成，是敖丙？"闭上眼，对这片锦绣绿色温柔低诉着，此生入这华夏，我是半点未曾后悔过。"这里，就是抖音美好打卡地。"

这里的"翡冷翠也可以用来形容颜色"也是一个卖点，荔波的重要特色就是绿，视频中一直在强调这个特色。

你可以准备一个录音笔，把视频中的所有文字都录下来，然后转成文字，加入自己的素材库。

还有一个点，拼的镜头要足够多，而每个镜头也就一两秒钟。以前做一个视频，只要 20 个镜头就可以了，但是现在需要 30、40 甚至 50 个镜头。拼的镜头足够多，用户看的时候才会觉得：哇，这个画面特别有感觉，因为他的注意力会被你持续吸引着。

看完这一遍，会感觉这个视频整体上比较文艺、比较有诗意，这其实就是旅行类 Vlog 的一大特色。如果你拍这种题材的视频，不要走炫酷风，要带着文艺的情绪来拍。

接下来看第二遍，然后给视频打标签，一级分类是旅行类，二级分类是 Vlog 类，还可以打上"高颜值女"的标签。标注好后，以后可以通过标签在自己的素材库中检索出相关的素材来使用。

下面看第三遍，然后看评论区，看高赞评论。

有一条收获超过 5 万点赞的评论是：翡冷翠是徐志摩用来翻译佛罗伦萨的，《翡冷翠的一夜》。所以，"翡冷翠"这个梗一定要记住。

还有几个高赞评论也值得学习：

云破日出，你是那道光束。(2658 点赞)
欲问行人去哪边？眉眼盈盈处。(2.0 万点赞)
若到江南赶上春，千万和春住（1.4 万点赞）

评论区的高赞评论才是这个视频最应该学习的内容，不要错过这些机会。互动率可以理解为视频的点赞量、评论量加转发量，但是评论的权重会比较大。一个视频能不能火，重点是要引导大家去评论。

现在可以提炼出一个自己可以用的模板了。

首先是用黄金 3 秒点出景点和景点特色，然后加一些景点的卖点。像"房琪 kiki"这里点出的小七孔和卧龙潭两个景点。每个景点都要对应相应的画面，取景 3~5 处，写文案的时候一定要细致,每个画面的文案不超过20个字。

所以,要模仿爆款视频的套路,借鉴爆款视频做得好的地方。我们再看另一个旅行博主"汪梦云"的内容。"汪梦云"的关于香格里拉的视频目前点赞177.1万。

"这就是我心中的香格里拉。"如果说每个人的一生都有必须去的地方,那么对我来说,就是香格里拉。

对比"房琪kiki"那条视频中的"如果这一生只有一次",这里是"每个人的一生都有必须去的地方"就是黄金3秒的精髓,两者是一样的处理方式。

我们接着往下看:

"好不容易到这了。"第一站巴拉格宗,开车走在险峻的盘山路上,窗外就是峡谷深渊,海拔越来越高,积雪逐渐变厚,抵达3200米的玻璃栈道,脚踩山崖,尽情旋转。

尝试425米长的高空滑索,感受神山,肆意大笑。继续往上,海拔4250米,我出现了严重高反,但蓝天下积雪覆盖的雪山,还是让人不由自主地往前。很小的时候就读过《消失的地平线》,书里说,香格里拉是人们心中的理想国,那么我们追寻的又是什么呢?我去哈巴村,感受虎跳峡的奔腾怒吼;在石卡雪山,遇见主峰后的蓝月山谷;到飞来寺旁,恰逢日出时的梅里雪山,据说谁看到金顶,这一年都会顺利。站在雪山下望着祈福的人群,突然发现,我们的一生是多么的来之不易,也许这就是香格里拉的答案。既然我们不得不来到这个世界上,那么就请把我们的一生,过成值得庆祝的一生。

首先是几个相关的景点介绍,然后是一些文艺的内容,结尾是偏向于心灵鸡汤调性的文案。这和前面分析的"房琪kiki"的文案很相似,都是黄金3秒+景点介绍+文艺调性。

然后,给这条视频打标签,发现和"房琪kiki"那条视频是一样的,都是"旅行、Vlog、高颜值女"。同样标签的视频内容,分析得越多,能找到的共性就越多。

最后,看评论区的高赞评论,分别是:

心若没有栖息的地方,到哪都是流浪。香格里拉是我一生的执念,不论如何终要抵达。每个人都有自己的远方,如果你也有此生必须抵达的目的地,请和自己约好时间,把它写下来,记录在这个视频留言里。(作者,1.8万点赞)

突然感觉我去的香格里拉真的是个假的。(1.0万点赞)

既然我们不得不来到这个世界上,那么就请把你的一生,过成值得庆祝的一生。(作者,0.93万点赞)

从这三条高赞评论可以看出，大家喜欢这种一生一定要去一次的系列，这里是香格里拉，其实其他地方也可以从"一生一定要去"这个角度出发去做内容。

想做哪个类型的选题，你就找到相关的爆款视频，去拆解它的结构，准备自己的文案时，不要跟着自己的感觉走，多结合爆款视频评论区的内容，找到真正的爆点拿来用。

下面我们再拆解一个爆款视频，"三口之家蜗游记"的这条标题为"一直旅行，小朋友不上学吗？"的视频目前点赞144.8万。

首先，来完整地看一遍内容：

"很多人问我们，一直旅行，小朋友不上学吗？"

我们的旅行计划，在他上小学之前就会结束，旅行期间每年会上两到三个月的幼儿园。平时驻车位置多为人民广场，让他和不同地方的小朋友一起玩耍，保证和同龄人接触的时间。打卡每个城市的博物馆、科技馆，让他明白世界很大，在成长的同时也能接受别人的不同。车里有100多本绘本，包括情绪管理、习惯养成、生活常识、童话故事等，看书已经成了他的习惯。

"万卷书和万里路一个都不能少。"我们每个星期都会一起画画、做手工，一起读英语绘本，电子产品只有投影仪和手机,每天不超过40分钟。平时做饭和家务也是三个人一起,他知道家庭就是一个小集体,需要每个人都付出才会更幸福。

其实,带孩子旅行比送去幼儿园要辛苦更很多,但我们不想错过他成长的每一个瞬间,只想和他一起慢慢长大,不留下任何空白。

看完这一遍,我们可以记住的就是"万卷书和万里路一个都不能少"这种特别的教育方式。

带着这个印象,我们看第二遍,可以给视频打上这些标签:旅行、幼儿教育、Vlog,而与幼儿教育相关的标签还有:亲子、萌娃、成长。

然后我们看评论区,会发现高赞评论有这些:

这种教育真的太棒了!!!(16.0万点赞)

万卷书和万里路都重要。(作者,6.0万点赞)

我觉得你的小孩以后上了学,要么人缘特别好,因为见过的多,知道的多,要么就不受小孩子们喜欢,因为太不一样了。(7.9万点赞)

我们发现,一开始我们记住的"万卷书和万里路一个都不能少"在评论区中也是高赞,这句话就一定要积累起来。另外,大家对这种教育模式有争议,支持的和担忧的都有，总体偏向于支持，这就是争议点。

总结一下，在找到一个爆款视频后，要把这个视频至少看三遍：

第一遍，完整地看一遍，记住让你印象深刻的地方。比如"房琪kiki"的"一生一定要去一次"这种很抓人眼球的"黄金3秒"开场。

第二遍，给视频打标签。标签打得越准确、越细致，你以后创作的时候，调用就越方便。打上标签后就会发现，像"房琪kiki"和"汪梦云"的一些爆款视频，都是"黄金3秒+景点介绍+文艺调性"的模式，这些很适合放在一起进行分析。

第三遍，看评论区点赞排名前10的高赞评论。评论区是最靠近用户的地方，在这里可以看到用户关心的点，特别是有争议的评论要好好分析。比如在"一家三口蜗游记"的那条视频中，大部分用户认可他们"万卷书和万里路一个都不能少"的观点，也有部分人对此表示担忧，这都反映在评论区了。在做视频的时候，这个争议点就是我们要学习的地方。

相信带着这种拆解的意识去看视频，你所看到的内容会有别于过去，你也一定可以积累到有助于创作的视频素材。

第 4 节
爆款模板

Vlog

Vlog 是一种介绍个人生活的视频,可以结合美食、旅行、剧情等方向展开,应用广泛,可以记录自己的美食制作、分享宠物生活、旅行见闻,也可以记录日常生活。特别推荐新手通过拍摄此类的视频内容来上手。

1. 黄金 3 秒

很多人拍的第一条 Vlog,视频的开头很有可能是"我起床了",然后配上一个掀开被子的镜头,这是特别典型的自嗨式开场。换位思考一下,别人看到这个开头,为什么还要接着往下看呢?我们要做的是,在开头就告诉别人我们这条视频有多值得看。本节会介绍两种常用的开头方法,这些都可以在制作Vlog时直接使用。

(1)陈述式。

利用陈述式结构作为Vlog开场的时候,有两种方式,一种叫作观点先行,另一种是主角介绍。这两种方式都会加入吸引人的修饰语来吸引关注,下面展开介绍。

①观点先行。

常见的结构为"谁+做了什么+修饰(描述经历、价值)",这种结构简单明了,多用于对个人经历的介绍,这里的"修饰",多是对个人感受类的形容,或是突显这项经历的特殊性。可以是放入句中的修饰词,如"第一次""幸福""美""棒"等,也可以将"修饰"扩充成一句话,在第二句时直接道出。

比如在有着400多万粉丝的抖音Vlogger"李晓萱"的高赞视频中就有类似开头:"这是我第一次飞去一个城市见一个粉丝。"这里开头的结构便是"我(谁)+见粉丝(做了什么)",而核心在于修饰,"第一次""飞去一个城市""见一个粉丝"。第一次做的事让用户感觉很有仪式感;"飞"说明有较远的距离,这件事做到不容易;"见一个粉丝"会让大家好奇,不是一群,而是一个,这到底是怎么一回事?这短短的一句话,就是很不错的3秒开场。

再如，有着 200 多万粉丝的"我就是金爷"是旅行类优质账号，其优质视频中不止一次使用这一方法，比如"终于看到火山啦！""10 月，我做了一个冲动的决定，去死海漂浮。"

记录夫妻日常的"姐夫爱吃小饼干"的第一条 Vlog，开头是"挑战 365 天惹老婆生气，第一天"，后续的几条便是第二天、第三天……当然，这就要求你可以持续做出系列视频。

②主角介绍。

主角介绍常用的句式结构为"主角名＋标签（身份、星座、职业……）"。

Vlog 记录的是生活日常，所以我们有必要让用户知道出现在这个 Vlog 中的主角是谁。所以，在开头 3 秒可以用简洁的语言对主角进行介绍。主要的形式是亮出人物的昵称，再加上诸如身份、星座、职业、特点等标签。有特色的标签可以一下子让用户记住你。

在"是一个行了的李洋洋"的一条有着极高播放量的视频中，开头是这么写的："Hi，我叫李洋洋，金牛座，爱财如命……"后面就直接展开了对自己的介绍。大家很容易就被她的星座以及爱财如命的特点所吸引，且对此印象深刻。

"火皇皇"在高赞视频"把它牵出去非常有气质"中是这么开头的:"介绍一下,这是我朋友。"(画面中出现了一只乌龟)不是单纯的宠物,而是博主的朋友,这就是这只乌龟与众不同的身份。

上面介绍的两种方式还可以组合使用,像"我就是金爷"的这条标题为"地球上还有一个地方保留着最原始最纯洁的模样"的视频,开篇先用观点先行法,告诉用户:"我到汤加王国啦。"大家在不了解汤加王国的情况下,又听到了她的下一句"哇,太美了!"就会好奇汤加王国是什么样的,到底有多美,自然愿意往下观看。然后立刻接上主角介绍:"Hi,我是一名全职妈妈。"这样大家既了解了视频要讲述的主题,也明白了讲述人的身份,就更乐意观看视频后面的内容。这条特别有节奏感的旅行Vlog目前收获了153万的点赞,3.7万条评论以及6.3万次转发。

(2)发问式。

另一种常用的句式是发问式,通过发问,可以拉近与用户之间的距离,更容易吸引用户的注意。常见结构有两种:"事件/人物+修饰(强调价值)+是什么样的""你+做了什么/知道什么+修饰(强调价值)"。加上"你",可以让用户更有代入感。发问式的重点同样是在事件/人物的修饰上,要有吸引人的亮点,比如加入牛、厉害、惊喜等吸引人的修饰词。

其实,这种亮点不一定非得是很特殊的经历。像美食类 Vlog 博主"吃喝玩乐的春哥"录制的广州炒饭小哥的视频,获得 66.7 万点赞,视频是这么开头的:"一个人把炒饭做好了,有多牛?"他用一个问句激起了大家的好奇心。

如果我们想要拍个 Vlog 来记录给爸妈过生日,如何写开头?"李晓萱"的 Vlog 是这么开头的:"你有没有想过给爸妈设计一次惊喜?"看到这样的问句,我们会不自觉代入自己,想自己是否有过类似的经历,相比"陈述式","我准备给爸妈设计一次惊喜啦","发问式"的开头引起的共鸣更为强烈。"李晓萱"也是凭借这条视频,收获了百万点赞。在她的爆款视频中,这种发问式的开头多次出现。

比如:"有一个爸爸式老公是一种什么样的体验?""住均价一万一天的宝格丽酒店是怎样的体验?""第一次见男朋友爸妈是什么样的体验?""有一个将心比心的婆婆是什么样的体验?""被男朋友宠成孩子,是一种什么感受?""被婆婆宠成女儿,到底有多爽?""三观一致的恋爱到底有多爽?"

总结一下，对于 Vlog 的黄金 3 秒，可以利用两种方式：

（1）陈述式。可以选择观点先行，利用"谁+做了什么+修饰（描述经历、价值）"的结构表达观点，吸引用户的注意；还可以进行主角介绍，利用"主角名+标签（身份、星座、职业……）"的结构，做个让用户印象深刻的介绍。

（2）发问式。你可以用"事件/人物+修饰（强调价值）+是什么样的""你+做了什么/知道什么+修饰（强调价值）？"这样的结构来拉近与用户之间的距离，比如"李晓萱"的"有一个爸爸式老公是一种什么样的体验？"

在具体应用时，可以单独使用，也可以组合使用。

2. 段落结构

在知道如何做出吸引人的黄金 3 秒开头后，如何避免记流水账式的视频内容编排呢？下面介绍常用的 Vlog 段落结构。

（1）时间结构。

使用时间结构时，要设置一些"关键时间节点"，常见的有三种：人物年龄节点、自然时间节点和事件时间节点。

人物年龄节点：20 岁、30 岁、40 岁……

自然时间节点：第 1 天、第 2 天、第 3 天、第 30 分钟、第 50 分钟、第 100 分钟……

事件时间节点：出发前、中、后，高考前、中、后……

时间结构适合创业类、旅拍类的 Vlog 制作，方便进行人物经历或是旅拍见闻介绍。想要应用好时间结构，还需要注意把握文案的节奏。在给出了关键的时间节点后，主体内容多是"人物+动作/结果"，直接告诉用户发生了什么事情或是达成了什么结果。

比如，"是一个行了的李洋洋"的视频中使用了时间结构做自我介绍，其中的关键时间节点以"人物年龄"作划分："18 岁、19 岁、20 岁、22 岁、23 岁……"她是这么展开的：

"我 18 岁北上，19 岁创业，20 岁拿到 500 万元投资，22 岁登上福布斯 U30，你看到这个视频的时候，我即将迎来未知的 23 岁……"

这里值得关注的其实是时间节点后的主体内容，"北上、创业、拿到 500 万元投资、登上福布斯 U30、迎来未知的 23 岁"，都是很简洁的动作和结果，没有做过多的修饰，带着用户一起来感受她这些年的经历，更容易给用户留下深刻印象。

（2）空间结构。

空间结构的"关键空间节点"主要以地点、方位作为关键信息，比如：

地点节点：上海、北京、广州，家里、屋外，或者是一个特定的场景，比如化妆品专柜、小河边等。

方位节点：前、后、左、右……

这是为了让用户了解 Vlog 发生的场景，有些时候会用画面切换来表现。如果缺失了空间节点信息，用户就会好奇你怎么会在这个地方，对于理解你想要传达的内容就会感到困惑。

空间结构多应用于美食类、旅行类、宠物类 Vlog 中。比如有 3700 多万粉丝的"浪胃仙"在视频中便是用这样的结构串起边逛边吃的场景：

> 平时只试吃，今天我要带着我的毒舌、大胃和挑剔的眼光，边逛边吃。
>
> 第一站：解放碑，（进了一家重庆面店）……
>
> 下一家，（路上，去点了一份榴莲芝士饼）在八一路的好吃街……边走边吃去下一家好了……（进了一家抄手店）……第二家我们吃这个吴抄手……

下一家……现在我在的地方是八一路好吃街的那个名小吃城,这个是刚刚在大东匠人买的酥肉……我们去找甜品吧,下一家……我们不是要去下一家吗?怎么还在这里?因为……这个是另外一家的冰粉……这次应该真的要去下一家了……

想要讲好空间叙事,可以关注"燃烧的陀螺仪",现在有900多万粉丝。他的每一个画面都在传达关键信息,我们可以通过看他所拍摄的视频,来学习如何选择关键的空间节点。

比如在他早期的视频中,有一条是记录"初一接爸妈"的场景,所呈现的地点包括:机场航站楼引导牌、楼层指引牌、航班信息牌、出机口。在"论买面包的仪式感"这条视频中出现的地点包括:家门、电梯口、地下室的路、车、小区门、商场大门、面包货架、收银台,所有的地点切换都很顺畅,交代出了买面包路上的关键地点。如果缺失掉某些关节节点,用户就会困惑,比如这条视频中如果没有最后的收银台,用户就会好奇,面包最后是买了还是没买。可以多找几个他的视频,感受一下空间节点的设置。

(3)角度结构。

角度结构多用于干货分享、好物测评的Vlog视频中。常见的结构有:

好物分享：第一个、第二个、第三个……

观点分享：1、2、3……

在"我就是金爷"的视频中，她介绍如何收纳行李是这么介绍的：

对于收纳行李，我的绝招只有3个：

①列清单。

②卷起来。

③分包装。

之后分别对具体操作展开介绍。

拥有190多万粉丝的美妆博主"梨涡小孟"在其点赞破百万的视频"迷人 wink 练习法，2个小技巧轻松掌握 wink 电眼技能！"中是这么介绍的：

我在日本表情肌肉研究家间间田佳子大师那学到了一套超管用的 wink 练习法，简单两步，你也能学会迷人电眼……

第一步：用手使劲压着脑门，眼睛用力张大，保持10秒……

第二步：手撑着一只眼睛，另一只眼睛眨眼，左右眼各做10下……

这里也是使用了角度视角，博主先概括自己要教给大家的内容，然后拆解开来，分成几个步骤分别介绍。当没有明显的时间结构或空间结构可以用来讲述视频时，可以考虑利用角度结构来保持视频结构的逻辑感。

做好短视频，需要这三种常见的段落结构。

（1）时间结构：设置关键时间节点，常见的节点包括人物年龄节点、自然时间节点和事件时间节点。

（2）空间结构：设置关键空间节点，常见的节点有地点节点和方位节点。

（3）角度结构：常用于分享自用好物或是自己对某一事件的看法，依据逻辑来分点阐述。

方案多为三段式，这是由于"三"这个数字方便大家记忆，同时，三段的总字数控制在150到250字，依据内容表达需要选择1~2段作为关键段落，在其中可安插前文介绍的爆点及评论点，从而增加文案亮点。

3. 常见爆点设置

除了把握好Vlog内容的段落结构，想要做出爆款短视频，还需要在内容之中加入一些爆点元素。常用的方法有数字法、新奇法以及段子法，下面具体介绍。

（1）数字法。

用镜头讲故事，安插数字是一个常用的做爆点的方式，比如用数字表示房子面积、薪水、时间……

比如有 800 多万粉丝的抖音博主"幻想家 japaul",有条讲述个人故事的视频:"据说靠自己的样子,是最帅的!送给在路上的我们",内容如下:

从今天开始,我就告别了租房生涯,我自己买房子,总共是 126 平方米,全款。那么我到底如何在三年内买房的呢?我高考那年全省第二,考上了 985 院校,接下来以全系第一的成绩保研,研究生毕业那年,我的工作是"铁饭碗",可那又怎样?第一个月工资 2100 元,不够房租。我挤在 8 平方米的隔间里,没敢给我妈打电话,怕她担心。梦醒后,我花光了所有的积蓄,买了相机,拼命地拍照,把眼睛里能看到的全部都记录在镜头里,白天工作,夜晚跑到郊区拍星空,周末去 1 个城市,每天 5 万步。在零下 40 度中坚守阵地,这几年的生活,只有相机。于是我有了粉丝,频频获奖,上了电视节目,三年,我买了属于自己的房子。当别人说我不能的时候,让他们说去,我确实还没有成功,我还有更大的梦。我曾遇到的困难,今天可以笑着说出来,据说靠自己的样子,是最帅的。

在他的这段经历描述中提到的工资 2100 元,很形象地表达出刚毕业时生活的窘迫,这也激发了他的不甘心和后续的奋斗,如果只是说自己有"铁饭碗"的工作,大家可能不了解这是怎样的一种情况,而通过量化则很好地与他后来取得的成绩做对比。目前,这条视频也有了90多万的点赞量。

用数字表达时间,短句交错,可以给用户大量的信息,让人觉得你做成了很多事情,比如"李木石远(哈佛学长LEO)"的"我不是官富二代,是单亲家庭的儿子。不要再猜测我有什么'背景'。我的人生,只有努力。"这条视频内容如下:

一个90后男生的奋斗十年:18岁,从国内高中考进耶鲁本科,获四年全奖;22岁,本科毕业,进入华尔街投行工作,往后两年,每周工作80小时,参与多个IPO项目;24岁,告别金融高年薪,追逐梦想,首次创业;25岁,被哈佛大学录取,攻读MBA兼顾创业;26岁,出版第一本自己的书,获当当"年度作家"称号;27岁,继续哈佛学业,加入新公司,参与文化投资事业;28岁,升任联席总裁,成为福布斯U30精英,公司项目成功;28岁半,从哈佛MBA毕业,继续职场人的奋斗之旅。未来,依旧勇敢去闯!

这条视频点赞破百万,仅用几百字就讲述了自己从18岁到28岁取得的成就,信息密度很大,又不会显得拖沓,如果拿掉数字,内容的火爆度会大大降低。就算你没有这么光鲜的履历，也可以借鉴数字法的表达形式，来讲述自己的十年。

（2）新奇法。

当视频中出现了反常规的内容时，就很容易吸引大家关注。

比如宠物博主"丁香色边牧格林"拍摄的"格林来啦，啃了个超大的牛耳朵"，大家一看这个标题就会好奇：什么？狗狗会啃牛耳朵？就会特别想点进去观看。

视频的内容并不复杂，格林面前摆放着自己的饭碗，博主给它准备食材，给人印象深刻的就是标题中提到的：超大个的牛耳朵。视频最后一幕是格林在用力地啃这个牛耳朵。看留言区就会发现，这个牛耳朵就是大家关注的重点。

这个牛耳朵吓得我一哆嗦。（22.1 万点赞）

利用这个新奇的牛耳朵，博主收获了近 5 万粉丝，这条视频也上了热门，点赞 100 多万。

新奇点还可能是将常见的内容不断重复，呈现出洗脑式新奇。比如"全职奶爸"拍摄的点赞达 190 多万的"不停生小孩"，本身这位奶爸只有两位宝宝，而在这部视频中他是这么玩的：

这是我们结婚时候的样子，由于不停地生小孩、生小孩、生小孩、生小孩、生、生、生、生……现在的我（最后这一幕的画面中有十多个宝宝）。

其实，无论是开头还是结尾，视频中的小朋友都是他自己的两个小孩，但是配合文案中的"生小孩"，不断地重复画面，大家就会对生小孩这件普通的事感到好奇，有人在评论区惊叹：

天啊，产量太高了，生了一个班出来。(30.9万点赞)

有人会说出真相：

每个同色衣服的头发都一模一样，应该是两个小孩，然后用的特效吧。(15.2万点赞)

(3) 段子法。

在日常生活中，有很多生活槽点值得吐槽，这些槽点往往会形成段子，传播广泛。比如 itsRae 在她的一段视频中就设置了"真的要睡了"的爆点，还重复了一次。

"洗澡，关灯，睡觉！"

"嗯！真的要睡了！"（两个小时后）

"……"

"洗澡，关灯，睡觉！"

"嗯！真的要睡了！"（两个小时后）

这本身是一个讲述旅行前准备的视频！，itsRae 在其中安插了躺在床上两小时没睡着，于是说"嗯！真的要睡了！"的槽点，这引起了很多人的共鸣，大家觉得这就是自己的生活场景。这种方式自然比平铺直叙地去介绍出行准备要有趣得多。

上面介绍了 Vlog 常见的爆点设置方式。

（1）数字法：利用数字来描述如时间、薪水、房子面积等，比如"幻想家 japaul"为了表现自己曾经收入不高，直接列出当年的月薪是 2100 元，形象具体，便于用户理解。

（2）新奇法：给出日常生活中不常见的东西，或是用新奇的方式来讲述一件平凡小事，能让用户留下深刻印象，比如前文提到的"牛耳朵""不停地生小孩"。

（3）段子法：找到一些日常生活中有意思的段子，放入自己的视频中，增加槽点。比如"itsRae"的"真的要睡了"这个槽点。

4. 白金结尾

关于 Vlog 的结尾，很多人觉得就是拿手挡住镜头就可以了，其实还有很多有趣的玩法，下面结合案例，告诉大家 Vlogger 们是如何利用互动式、共鸣式、反转式来引爆结尾的。

（1）互动式。

Vlog 常见的互动式结尾包括：未完待续、下期揭晓，以及引导用户双击关注的引导语或是干货。

比如旅行类博主"itsRae"的首条视频，就收获了百万点赞，Rae 受到《阿甘正传》的启发，准备自驾去犹他州，这条视频主要记录了她准备这次旅行的过程，视频结尾打出了"未完待续"的字幕，如果用户喜欢这期内容，很容易关注博主，因为想看博主的下一期内容。

"王豆豆爱逗逗儿"拍摄的"艾特你闺蜜呀！叫她来宠你，嘻嘻"，这条视频点赞 66.8 万，是这么结尾的："想看蛋彤收到后的反应，记得双击么么哒！下期揭晓！"同样是 Vlog 常见的互动式结尾，引导大家点赞，同时放了一句"下期揭晓！"这会让大家期待下一集内容，从而关注博主。下一期的揭晓视频收获了 80.6 万的点赞，结尾同样引导用户参与互动："记得双击么么哒，你会收获超甜的友谊。"

除了利用文字或独白引导用户双击点赞，还可以在结尾放出干货引导用户互动。比如有着百万粉丝的抖音 Vlogger"阿中加油"用抖音记录了自己给老婆做月子餐的日常。标题为"这是我老婆坐月子时候的月子餐单……"

的视频点赞超过 70 万，这条视频的结尾是博主整理的月子餐的截图，吸引用户点赞和收藏。

（2）共鸣式。

共鸣式结尾多是在结尾处说出与主题相关的情感语录，或是给出具有强烈象征意义的物件，来升华主题。

拥有 400 多万粉丝的抖音 Vlogger"李晓萱"在一期视频中描述的是她和闺蜜的"十年之约"，在描述完她和闺蜜一起穿上婚纱，见证爱情和友情的最好模样后，视频的结尾是这样的：

你信不信有一种闺蜜，一辈子都不输给时间。陪你从校服到婚纱，从两个人，到四个人，再到未来的六个人。我们都在彼此的人生轨迹里，互相嫌弃，但不离不弃！

利用"互相嫌弃，但不离不弃"，引出大家对于友情的共鸣感、对于熟悉的打打闹闹背后的长久陪伴的感动与羡慕，目前点赞 272.3 万。

另一位抖音 Vlogger"朱佳航"拍摄的"妈妈知道我分手了后……"的视频，记录了自己分手后状态很差，却被妈妈照顾得特别仔细的日常。结尾是这样的：

这些天，妈妈一直小心翼翼地陪着我，有时候在想，是不是我把所有的运气，都用来拥有世界上最好的妈妈了。

所以，才没那么容易，找到适合的另一半吧。

结尾的短短数语点出了妈妈的伟大，同时也在给自己的分手找了一个理由。如果是刚分手的人，同样希望自己身边有像这位妈妈一样，可以一直陪伴的人；而没有为情所困的人，同样会为这样的妈妈感动。

还有像"阿中加油"拍摄的"照顾老婆坐月子的第14天"，这条视频，讲了他自己熬制猪蹄汤、炒青菜、帮小孩洗衣服的日常生活，视频的最后，他拍下了正在晾晒的小宝宝的衣服，并配上字幕：宝宝要健健康康的，爸爸妈妈在家等你回来。视频中的阿中没有露脸，但是他满是刺青的大花臂非常亮眼，亲自照顾月子中的妻子则是好丈夫的形象，最后的宝宝衣服，则把好爸爸的形象升华了。

（3）反转式。

在Vlog中，利用反转式的结尾营造效果，多渲染轻松快乐的氛围，能取得很好的效果。

比如抖音人气视频创作者、拥有千万粉丝的"尿尿是只猫"创作的"窝里横，啥也不是！"故事的开始是，"尿尿"在窗户边上探头探脑，然后小步急溜到了门边，非常想出门。等到"尿爸"带着它出去后，它无比兴奋，还给路上的大狗"起"了"大鹅"的外号。但是最后当这只"大鹅"朝他跑过来的时候，它却吓得躲到了"尿爸"的怀里。从气焰高涨的尿尿，变成了见"大鹅"丧胆的尿尿，这就是做反转，"尿尿"前后的表现形成了强烈的反差，把大家都逗笑了，这条视频目前点赞283.3万。

抖音Vlogger"蔡昀恩"拍了一条视频，讲的是小朋友把自己的洋娃娃卡在门缝里，百岁奶奶看到后，以为是婴儿，吓坏了，等到最后才发现，原来是个洋娃娃，奶奶从慌乱到笑出声的反转，也让大家感受到了奶奶的可爱。

再如拥有500多万粉丝的"MR-白冰"，他的视频"我不喜欢小孩子是有原因的……"是这样的：

白冰穿着一身装备进入电梯，遇到一位妈妈带着小朋友一同进来，他主动问："小朋友，我这衣服帅不帅？"

小朋友："帅。"

妈妈："你看叔叔啊，戴上了这个头盔，像外星人。"

小朋友："反正不像人。"

白冰：童言无忌，我忍。

从"帅"到"反正不像人"，生动展现了这位童言无忌的小朋友的形象，以及博主内心受到的"暴击"。

抖音主"一块小饼干"拥有600多万粉丝，在一条点赞百万的"生娃前好忐忑，老公一心只想要女儿……"的视频中用了"对话+反转"的形式：

饼干（老婆）：马上要生了，有一件事我还是不放心。"老公，我生个男孩怎么办？"

姐夫（老公）："唉，男孩我也喜欢呢。"说这句话的同时，姐夫的鼻子"变长了"。

借助特效做反转，证明了"姐夫"的口是心非。

结尾处的反转将整个视频情绪推向高潮，戳中了用户的内心。

回顾一下，对于 Vlog 类型的短视频，我们可以利用3种方式结尾：

（1）互动式。常见为在结尾处打上"未完待续""下期揭晓"，以及加上引导用户关注的引导语或是干货，比如 itsRae 的"未完待续"系列，"王豆豆爱逗逗儿"的引导关注。

（2）共鸣式。用有感染力的语句进一步升华主题内容，比如"李晓萱"描写和闺蜜的友情，视频结尾的"我们互相嫌弃，但不离不弃"。

（3）反转式。通过和预期不同的结局制造反转，来调动大家的情绪，比如"MR-白冰"中的"反正不像人"。

大家可以参照下面这张图，开始 Vlog 创作。

Vlog策划图

黄金3秒

陈述式	"谁+做了什么+修饰" "主角名+标签(身份、星座、职业……)"	
发问式	"事件/人物+修饰+是什么样的" "你+做了什么/知道什么+修饰"	

建议字数: 10~20个字

爆点内容

常用段落结构

(推荐三段式,选择其中一段为关键段落)
- ☐ 时间结构
- ☐ 空间结构
- ☐ 角度结构

常用爆点设置
- ☐ 数字法
- ☐ 新奇法
- ☐ 段子法

建议字数: 关键段落100字左右,其余两段50字左右

白金结尾

互动式	"未完待续"	
共鸣式	"互相嫌弃,但不离不弃(友情)"	
反转式	"反正不像人"	

建议字数: 4~20个字

剧情类

剧情类短视频在抖音平台上所占的比例很大。霸道总裁、都市言情、古风穿越、校园爱情、悬疑推理等短视频都火得一塌糊涂。这类短视频对于新手来说，拍摄和演绎都比较难，当然，如果你是"戏精"，那这类短视频非常适合你。

1. 黄金3秒

在剧情类内容如此火爆的当下，视频开头要是不出彩，就留不住用户，下面会介绍如何做出精彩的黄金3秒，从而最大限度地吸引用户。

（1）陈述式。

陈述式中比较常用的有祈使句式，比如"来/放下/别/看看/赶紧+……！"这种句式一般用很强烈的语气来展现，以此达到吸睛的效果。

比如有着3000多万粉丝的"天津一家人"和拥有500万粉丝的"老于快跑"等账号就经常用这种陈述式开头。

"你吃饭别吧唧嘴！"（210万点赞）

"来，你扒拉吧！"（185万点赞）

"放下,这是我老公给我做的!"(110万点赞)

"让你往左打方向,不是往右!"(210万点赞)

"赶紧给你媳妇道歉去!"(90万点赞)

"放下,咱爸在看电视呢!"(80万点赞)

大多爆款视频都是用这种语气强烈的陈述式语句开头。这种句式能达到吸睛效果的原因主要有两个:一是强烈的语气,二是有冲突性的内容。

(2)反问式。

反问式的开头在剧情类短视频也经常使用。常用的句式如:"你+凭什么/为什么/要什么/干什么/在哪里……?"利用反问式开头能瞬间吸引用户的注意力,使用户愿意停留在你的视频上。我们先来看几个高赞开头。

"翻来翻去你要吃哪块啊?"(204万点赞)

"放下,这是给你吃的吗?"(270万点赞)

"你凭什么甩了我?"(60万点赞)

这种带有控诉、求助、震惊、讽刺的反问,能迅速勾起用户的好奇,使得他们继续停留在你的视频上。

2. 反转结构

反转结构是剧情类短视频最常使用的结构类型,甚至可以说：无反转不剧情。反转有很多种，比如结尾反转、多次反转、人物反转等。

常见的反转公式：反转＝铺垫＋包袱。

反转由两部分组成，包括铺垫和包袱。其中，铺垫是建立第一个思路，把用户引向方向 A；而包袱是建立第二个思路，把用户引向方向 B。前面的铺垫不需要好笑，只需要陈述一个事实，越正经越严肃越好，好笑的部分在后面的包袱。

"天津一家人"的一个视频是这样代入这个公式的。

爸爸说："儿子，你快来看看，我终于拿到驾照了。"

儿子说："真的，爸！您也太厉害了，50多岁还能拿到驾照。带你去4S店看车去。"

儿媳妇说："对，爸！咱们看看大奔、宝马、劳斯莱斯。"

爸爸说："哎呀，你们太孝顺了，我不需要那么好的车，一个普通的车就可以了。"

以上都是铺垫，在讨论一件极其正常的事，接下来，包袱来了。

妈妈说："谁带你买车了，说带你看车。免得你以后撞车了赔不起！"

前面都是铺垫,把你引向方向 A,不需要搞笑,就是叙述一体正常的事。后面是包袱,把你引向方向 B,达到反转的效果。

为了达到反转的效果,中间需要一个载体,这个视频的载体就是买车。

再举一个例子。

儿子说:"今天这菜谁做的呀,这么难吃!"

儿媳妇说:"我做的呀,很难吃吗?"

婆婆说:"确实很难吃!一定要惩罚儿媳妇!"

到这里用户会觉得这是一个恶婆婆的形象。这是一个正常的思路,将用户引向方向 A。接着,反转来了。

儿子说:"我就开个玩笑,不用这么严肃吧,妈。"

婆婆说:"谁给你开玩笑了!儿媳妇做饭那么难吃,就必须惩罚她一辈子不给你做饭,以后你做!"

结尾将你引向了方向 B,载体就是儿媳妇做饭难吃。

翻看剧情类的短视频,会发现这种演绎手法极其常见。再举两个例子,大家可以体会一下。

女婿说:"这是给你吃的吗?这是给我媳妇吃的!"

丈母娘又吃另一个菜,女婿又说:"这个也不是给你吃的,这个是给你女儿吃的"。

女儿这时候看不下去了,说:"老于,你咋回事,妈妈想吃啥就吃啥。"

妈妈说:"哎,女儿啊,我最近可委屈喽!老于这也不让吃,那也不让碰。"

到这里,剧情冲突已经到达了顶点,给用户呈现了一个恶女婿的形象。

女儿说:"妈妈,我给你转钱,咱想买啥就买啥。"

这时候,反转来了。

切换了镜头后,妈妈和女婿坐在一起大笑。妈妈说:"女婿啊,计划成功。这些钱你拿去,你啥时候缺零花钱了,跟妈说。"

女儿看到这个场景,简直无语。

视频结束。

再看一个视频。

女婿和媳妇儿说:"过年了,媳妇儿,给你买了一个银镯子。"

丈母娘羡慕她凑过来说:"哎呀,银镯子啊,真好看。"

这时候女婿说:"放那,那是给你买的吗?给你闺女。"

女儿说:"哎呀,老于,你咋这样。给咱妈看看不行吗?"

女婿说:"不行。"

视频给用户呈现了一个坏女婿的形象。这时候,反转来了。

女婿拿出一个金镯子说:"妈妈,这才是给你的!"

套用这个公式:反转 = 铺垫 + 包袱,相信你也能做出爆款视频。

3. 常见爆点设置

视频中间需要 2~5 个爆点,不然用户就没有心思看完整个视频,这会影响视频的完播率。

(1) 热点法。

热点法是剧情类短视频最常用的一个手法。抖音上出现的热点元素,大家都会去追,追了就有可能火。在剧情这块,视频的火爆需要有热点的加持。比如,之前流行的一个视频"当你放假第一天回家"是拥有 1000 多万粉丝的账号"王乃迎"原创,视频推出后获得了 500 多万点赞。然后,抖音拥有 2000 多万粉丝的账号"青岛大姨张大霞"模仿推出一个视频,最终获得了 300 多万点赞;拥有 300 多万粉丝的账号"鸡汤蒋"也模仿推出一个视频,获得了

200多万点赞；连一些只有1万多粉丝的素人账号，比如"乐乐甜心"，模仿的视频也能获得8.9万点赞。这个视频在抖音上非常火，博主们创作出了很多类似的视频，流量很大。视频内容甚至火到了一些综艺平台上，比如在《王牌对王牌》的一期节目中，视频内容就被华晨宇重新演绎。

此外，抖音上的红绿灯"助跑""掐人中"等都是被频繁模仿的热点段子，这里就不一一举例了。留意一下，就会发现爆款在重复。当然，在模仿热点的时候，不要仅仅是简单地照搬，也要加入一些自己的元素，才能让视频达到更好的效果。

（2）陪衬法。

陪衬法是指在一个短视频中加入做陪衬的人物，这个人物甚至可以不用说话，只做一些表情和动作，就可以达到很好的效果。"天津一家人"这个账号里面的"爸爸"基本就扮演这样的一个角色。在视频中，爸爸基本上不说话，但是会有表情和动作，在视频末尾，他经常会哈哈大笑，这非常吸引用户的注意。

比如其中一个百万点赞的视频是这样演绎的：

儿子说："老婆，人家要喝'奶奶'，打不开嘛！"
媳妇一脸嫌弃地帮忙打开了。

儿子又说："哇哦，老婆，你好厉害呀，爱死你了，人家要你喂喂嘛！"

这时，在视频一角的公公也拿出了一包酸奶给婆婆，却被婆婆一手打下去。然后就是公公一脸诧异加委屈的慢放。视频结束。

公公在这个视频中就是一个陪衬的角色，出现在视频的一角，但是却起到了引发用户爆笑的作用。看评论区的高赞评论："爸爸的表情最经典了。""爸爸好惨，区别真大。""老爸：你懂的。"

再看一个百万点赞的视频。

妈妈问儿子："我儿媳妇呢？"

儿子说："跟我吵架，回娘家了！"

妈妈给儿媳妇打电话："儿媳妇，你回来吧，我给你出气。你不能打他吗？你不能挠他吗？你不能薅他头发吗？"

视频中，妈妈边说边打在一旁的爸爸。儿子吃惊地看着自己妈妈。

妈妈对儿子说："看什么看，跪下！"

这时，儿子和爸爸都吓得跪在了地板上。

本来，这件事和家里的爸爸没有任何关系，但是爸爸却承担了一个很重要的角色，那就是陪衬。他全程没有说一句话，全靠表情和动作来演绎。看评论区的高赞评论：

"爸爸的心态肯定崩了""受苦的总是爸爸""爸爸总是躺枪""关爸爸什么事，哈哈哈哈"。

还有一个百万点赞的视频。

儿媳妇对老公说："你别扒拉了，吃个饭扒拉什么呀，筷子上都是口水，还让不让别人吃饭了，恶心不恶心！"

老公说："那咱们亲嘴的时候，你怎么不觉得恶心！"

婆婆说："亲嘴是两个人的事儿，吃饭是四个人的事儿！"说着，打了公公一下。

公公一脸困惑。

婆婆却说："子不教父之过。"

视频结束。公公全程都是配角，只在最后一幕出现，却引爆评论区："子不教父之过""爸爸内心：和我有嘛关系""躺着也中枪"。

陪衬法是一个非常好的爆点设置的方法，相信你也能用这个方法制作出爆款视频。

（3）新奇法。

创作剧情类短视频，重要的是反转和搞笑，这些都离不开夸张的演绎，也就是新奇法。比如拥有700多万粉丝的"老曹很认真"这个账号，就多次使用夸张的演绎技巧。他的一条超过170万点赞的爆款视频里面就出现了很多爆款元素，比如BP机、狼烟、大金链子等，这些会让用户大笑不止。

可以来看一下：

女1（大嫂）说：来，老弟，送你个生日礼物。

男1：这啥啊嫂子？苹果4啊，还能用吗这玩意啊？

男2（哥哥）：最好的通信设备给你了，你看你大侄儿。

男3（大侄儿）：哎呀，有人呼我，我IC卡呢？我得下楼回个电话（用的BP机）。

男1：哎呀，这是哪个寻呼台还运营呢？

男2（哥哥）：给老王发个狼烟，让他过来打麻将，三缺一呀。

评论区的高赞评论："牛，BP机很罕见的。"

再来看他一个超过260万点赞的视频。

女1（大嫂）：来老弟，帮我扔下垃圾。

男1：干啥呀嫂子，这大金链子说扔就扔啊。

男2（哥哥）：这项链都折了，留着它干啥呀，咱家人就这么豪横，你看你大侄儿。

男3（大侄儿）：诶，手机没电啦，不要啦。喂，手机店吗？再给我送10个iPhone11，正在伊对上聊天呢，手机没电了。

男1：哎呀，这孩子，你家垃圾都扔哪儿了？告诉老叔一声。

男2（哥哥）：哎呀，地板脏了，喂，中介吗？我昨天看的那个800平方米的房子，给我留着，马上过去。走媳妇儿，搬家。

评论区高赞评论："你家真有钱""这个地球上有人了，我再去找别的星球""老曹，你家垃圾都扔哪里了，我去捡垃圾"。

把握住新奇法，用一些让人惊讶不已的夸张元素，就可以使视频获得高赞和热评。

(4) 人设法。

人设法是剧情类短视频必须要考虑的一种制造爆点的方法，很多视频火的就是人设。在做账号之前，我们要考虑做一个什么样的人设，是暖心的，搞笑的，反转的，还是新奇的。当然，在剧情类短视频中，越另类反常，越能吸引用户的关注。

一般来说，常用的人设方案有男扮女装、一人饰多角、秘书、捣蛋小子、暖心哥哥姐姐等。这里给大家举几个账号的例子，供参考。

男扮女装：

①拥有790万粉丝的账号"老曹很认真"。这个账号不仅有男扮女装,还一人饰演四角(弟弟、嫂子、哥哥、侄子)。

②拥有611万粉丝的账号"街拍徐哥哥"。这个账号的女主角(徐哥哥老婆)是一个180斤的壮汉饰演的,这给用户带来了极大的反差。这个账号基本上是赢在了人设的设计上。

③拥有3266万粉丝的账号"多余和毛毛姐"。这个账号的主角便是男扮女装,弄一头橘红色的假卷发,嗲声嗲气的演绎,给用户带来极大的视角冲击。

④拥有2063万粉丝的账号"青岛大姨张大霞"。这个账号是由一个捣蛋的男生演绎着妈妈和儿子这两个角色。

一人饰演多角:

①拥有1462万粉丝的账号"毛光光"。这个账号的主要场景是在专柜,其主角是一个"柜姐",但同时他也演绎"顾客""同事""领导"等角色,可男可女。

②拥有427万粉丝的账号"我是赵岩",其主角能饰演4个以上的角色(妈妈、爸爸、儿子、奶奶),堪称全能。

秘书:

①拥有776万粉丝的账号"七喜"。其视频内容主要是讲她和老板相爱相杀的故事。

②拥有524万粉丝的账号"金牌秘书初九"。其视频内容主要是讲如何解决老板的问题，做一个好秘书。

捣蛋小子：

①拥有2419万粉丝的账号"鬼哥"，其主角是一个特别捣蛋的儿子，经常和妈妈斗智斗勇。

②拥有3338万粉丝的账号"我是田姥姥"、这个账号主打捣蛋系列，里面的孙子每天的主要任务就是"整"自己的姥姥。

③拥有380万粉丝的账号"佩佩青"是一个整人账号，整的对象是自己的闺蜜。这个账号的以"想掐死闺蜜的99个瞬间"为主题的视频火遍全网。

暖心哥哥姐姐：

①拥有3174万粉丝的账号"莫邪"其主角便是一个暖心姐姐。

②拥有513万粉丝的账号"夏寻的合租日常"，讲的是三个哥哥共同保护一个妹妹的故事。

根据上述的人设法，选好账号的人设，就成功了一半。

以上我们介绍了四种常见的爆点方法：热点法、陪衬法、新奇法、人设法。

（1）热点法。这是剧情类短视频最常用的一个手法，比如"掐人中""红绿灯助跑"等。看到一个热点尽早去追,再添加一些自己的元素,就很容易火。

(2)陪衬法。这是指在一个短视频中要有做陪衬的人物。这个人物可以不用说话,只做一些表情和动作。可以大笑或者每次都做替罪羊,也可以做对比,与主角形成鲜明的反差。

(3)新奇法。这是利用夸张的演绎手法。比如视频中用一些不常见的事物:BP机、狼烟、几十串钥匙等。

(4)人设法。账号建立时一定要设立人设,好的人设是成功的一半。建立人设必备的思路是夸张、新奇,以便吸引用户。比如男扮女装、怕老婆等。

在创作剧情类短视频时,要保证有3~5个爆点,才能让用户持续看下去。

4. 白金结尾

视频有好的结尾才容易引发用户评论和转发。评论和转发数较多会让视频进入下一个流量池,从而获得大量的曝光。下面介绍四种白金结尾法:互动法、共鸣法、反转法、强化法。

(1)互动法。

利用互动法,在视频最后给用户留出思考的空间,让大家猜测剧情的发展方向,从而引爆评论区。其实,这是一种很老的手法了，小说中常有"欲知后事如何，且听下回分解"；在连续剧中，节目组经常在最关键的时刻结束一集，让用户有兴趣追下一集。接下来我们举几个例子。

"老马有点虎"这个账号经常通过一系列的反转，在视频结尾给用户留下悬念，引发用户的讨论和深思。下面拆解其一个百万点赞的视频：

(地铁里) 大爷对一个女孩说："哎，没看见有老人吗？给老人让个座！"

男人："不好意思，我老婆她身体不舒服。"

大爷："身体不舒服就不给让座是吗？不行，让座！"

男人："要不您坐我这大爷，坐我这。"

旁人："这老头怎么这样啊？"倚老卖老！

大爷顺势依靠在男人身上："哎呀，大家看哪，欺负老人啦，哎呀。"

旁边有人已经报警。

这时，男人跑了。

女孩说："大爷谢谢您，大爷。"

原来在之前，大爷在外边看见这个男人在欺负女孩，女孩当时用眼神向大爷求助，大爷选择跟踪他们，并在地铁里救了女孩。本来在开头是一个坏老人的形象，结果在结尾反转成为一个好人，引爆评论区："这人用巧技，解救小女孩,为老人点赞""大爷误会你了,对不起""为老人的机智点赞"。

这里再拆解这个账号的一个视频。

个女孩在街边乞讨,一个大爷过来了一脚踢开讨钱的罐子说:"我终于找到你了,你这个骗子"。

女孩可怜巴巴地说:"你干什么呀,这是我给孩子治病的钱。"

大爷说:"呦,丈夫离世,孩子得了白血病,你挺能编故事呀,走,跟我走。"

这时候,我们觉得这个大爷是坏人。接着,剧情反转。

镜头切换了一下,女孩被大爷拉到一个地下通道里说:"好啦,你走吧,你的事,我都知道了。"

女孩说:"谢谢您大爷。"

原来,女孩被坏人利用乞讨来赚钱,不乞讨就会被打。

看到这里,我们觉得女孩很可怜,大爷变成了好人。

这时,这时两个坏人出现了,说:"哎呀,老头,还想救人呐!"

大爷说:"咱们可是二对二。"

这时候,剧情再次反转。

大爷身后的女孩邪魅一笑，让人心头一紧。

女孩到底和谁是一伙的？大爷到底是好人还是坏人？给用户留下很多疑问。评论区："现在还真不敢救人，一不小心就掉进坑里了""农夫与蛇的现代版""应该是救了一只狼"。大家都在猜测剧情，因为视频给了很大的讨论空间。

互动法也可以是暖心结尾，只要能引起大家的互动，尽管去用。这里拆解一个百万点赞的视频。

女孩指着一栋大楼说："你想住几层？"

男孩说："有个地方住就不错了，你当你家的啊，想住几层就住几层！"

女孩说："嗯，我家的。"

男孩说："口气不小。"

女孩让男孩选楼层选房间，男孩一边表示怀疑，一边选了一个楼层的房间。

后来证明，这栋楼确实是女孩家的。

男孩很震惊。

在结尾处，男孩为了表示感谢，说："没什么报答你的，这块蛋糕送给你吧，应该还没过期。"

这时女孩哭了。

男孩说："怎么还哭了呢？"

视频结束。

这个视频其实给用户留下了很多困惑：女孩为什么哭？到底发生了什么？一条高赞的评论是这样说的："女孩从小没有人爱他，没吃过蛋糕，所以只要谁给她蛋糕，她就以身相许。"虽然这看起来很离谱，但是激起了大家的评论和点赞。

（2）共鸣法。

共鸣是指在用户看完一个视频后，产生了和视频中的人物一样的感觉，进而想点赞、评论和转发。要想用户产生共鸣，视频中要有一些元素，比如振奋人心的事件、爱国的因素、让人感动的人物。这里举两个例子。

一个标题为"我连明星老了都不知道，是不是落伍了"的视频，获赞200多万。

一个女孩问警察叔叔："你知道贝克汉姆老了吗？"

警察叔叔摇了摇头说："呵呵。"

女孩又问："那你知道成龙老了吗？"

警察叔叔又摇了摇头说："呵呵，没关注这个。"

女孩再问："那你知道刘嘉玲老了吗？"

警察叔叔再一次摇摇头说："不知道。"

女孩无奈地问："那你……"

警察叔叔说："我知道钟南山老了,我知道我爸妈,老了。"

来看看评论区有多少人共鸣。这条 200 多万点赞的视频,有 6.6 万的评论。"我知道袁隆平老了,钟南山老了,父母老了,够了",这条评论获赞 16.9 万;"这一句钟南山老了,爸妈老了,说到了多少人的心里",获赞 9.1 万;"他们老不老,和我有什么关系。对,我只知道钟南山老了。我只知道我的父母老了",获赞 9.9 万。

类似的,一条百万点赞的视频也是这种呈现方式,这条视频的标题是"孩子,这才是你该崇拜的明星",让我们来拆解一下。

爸爸拿出钟南山的照片问孩子："宝贝,这是谁?"

孩子说："钟南山爷爷。"

爸爸又拿出袁隆平的照片问："这是谁?"

孩子说："袁隆平爷爷。"

爸爸再次拿出钱学森的照片问："这又是谁?"

孩子说："钱学森爷爷。"

爸爸这时说："宝贝,记住了,这才是我们中国的明星,知道了吗?"

孩子敬礼,说："知道了,爸爸。"

爸爸说："为你点赞。"

评论区的一条高赞评论：

他们叫巨星，明星生活在娱乐圈（5000点赞）。

还有一条评论获赞1.5万：

我语文不好，但我会写中国！我英语不好，但我会读China！我地理不好，但我知道地图上的雄鸡！我数学不好，但我记得960万平方千米；我历史不好，但我永远不会忘记1949！致敬先烈！

可以看出来，这种爱国的元素、奉献的元素很容易引起用户的共鸣。

（3）反转法。

反转法是指在结尾的时候，给大家一个和预期不一样的结果，让用户震惊、暖心、感动，进而点赞、转发、评论。当然，这个反转法依然可以利用前面介绍过的公式：反转=铺垫+包袱。

来看一个百万点赞的视频，这个视频利用了大家因疫情在家不能出门的热点，并使用了反转法，火遍全网。可以拆解一下看它是怎么反转的。

一个女孩在楼里，从窗户扔下来一个袋子，对下面的警察叔叔说："里面有钱，帮我买两罐红牛，拜托拜托。"

十分钟后,警察叔叔拿着红牛回来了,对女孩说:"那怎么给你呀?"

女孩说:"哎呀,我忘了,我不能下去,你帮我喝了吧,拜拜。"

这个反转很暖心。本来以为女孩让警察叔叔买东西,结果却是女孩用了一个妙招,送给警察叔叔两罐红牛,视频结尾设置得很巧妙。可以看看评论区:"用这个方式送水,智商高,好心人""可爱的姑娘,热心的警察"。

再来拆解一个百万点赞的视频。

爸爸抱着"儿子"在路上走,突然,"儿子"打了一个路人的头。

路人很生气,就质问爸爸:"你怎么看的孩子?"

爸爸说:"不就打你一下吗?给你500元医药费,够了吧!"

路人说:"不行,至少得5000元,要不然就报警。"

这时,爸爸说:"好,我给你取去。"

路人说:"你把孩子押在这里,要不然我咋相信你呢?"

这里,用户会觉得路人挺会讹人的。

爸爸只好把孩子交给路人,自己跑了。

原来,这个所谓的爸爸是个人贩子,孩子打路人正是向路人求助。真相大白。

这个反转让用户很诧异,又很暖心。看看评论区的高赞评论:"光孩子聪明没用,也得路人聪明""小孩子真机灵,叔叔也非常敏感聪明。愿灯人一生平安"。

(4)强化法。

强化法是指在视频的结尾处,做同一个动作或者说同一句话。"鬼哥"这个账号,在很多视频的结尾妈妈都会说:"你看我扎不扎你就完了"。高赞评论:"看我扎不扎你哈哈哈""妥妥的容嬷嬷"。

以上主要介绍了四种常用的剧情类结尾,包括互动法、共鸣法、反转法、强化法。

(1)互动法,主要是在视频最后,给用户留下思考的空间,让大家猜测剧情的发展方向,进而能引爆评论区。

(2)共鸣法,是指在我们看到一个视频后,产生了和视频中的人物一样的感觉,进而想点赞、评论和转发。

(3)反转法,是指在视频结尾的时候,给用户一个和预期不同的结果,让用户震惊、暖心、感动。

(4)强化法,指在视频的结尾处,反复做同一个动作或者说同一句话。

把结尾处做好是为了能引爆评论区,或者吸引大家进行转发,进而助力视频进入下一级流量池。

剧情类短视频策划图

黄金3秒		
陈述式	"来/放下/别/看看/赶紧+……！"	
反问式	"你+凭什么/为什么/要什么/干什么/在哪里……？"	
建议字数	10~20个字	

爆点内容	
常用段落结构 ■ 反转结构	
常见爆点设置 ■ 热点法 ■ 陪衬法 ■ 新奇法 ■ 人设法	
建议字数：30~40字为佳	

白金结尾		
互动法	在结尾处留下悬疑，让用户猜测	
共鸣法	利用爱国、感动、暖心等因素，引起用户共鸣	
反转法	利用公式：反转=铺垫+包袱	
强化法	用动作、表情、文案去强化结尾	
建议字数：0~15个字		

知识分享类

知识分享类账号的类型非常多。比如技能分享、教育类（K12、英语、幼儿等）、冷知识、情感等。这里还是利用黄金3秒+2~5个爆点+白金结尾，来介绍如何做好知识分享类的视频。

1. 黄金 3 秒

大家可能会觉得知识分享类的内容太过枯燥,很难吸引用户的注意力,在这种情况下,怎么做好黄金 3 秒呢?主要有以下两种方法。

(1) 陈述式。

知识分享类的账号,用陈述句式作为黄金 3 秒开头,最为常见的句式就是"最……的……"。有着 169 万粉丝的"VIPKID 外教英语"常分享英语小知识。其一条目前点赞 104 万的视频就用到了这个方法,老师在视频开头说"最容易读错的 9 个英文字母",大家对于这个"最容易读错"感兴趣,就会自然而然地往下看视频。

有着 311 万粉丝的"人类知识采集员"的一条点赞破百万的视频,"好莱坞史上最强女团,迪士尼公主竟然有这么多不为人知的猛料!!!的开头是这样的:

"好莱坞第一女团,灰姑娘是迪士尼地位最高的公主……"

这里同样用了"最……的……"这个句式说灰姑娘是迪士尼地位最高的公主,用户就会好奇,为什么这么说,用户就特别愿意往下看。

用"最"来体现视频价值,甚至有个账号直接叫作"世界档案之最",它的内容都是以"最……的……"的陈述句式开场,很值得大家借鉴学习,比如它的某条获赞百万的视频是这么开头的:"世界上最穷的富翁",看到这个开头,大家会特别好奇,富翁怎么还穷了呢?再看视频内容,原来讲的是亿万富翁葛伦,在只有100美元、一台手机、一辆破旧卡车的情况下,3个月赚到75万美元的故事。注意,在利用这个句型时,我们填入的信息需要是能吸引用户眼球的,比如这里用最穷和富翁做了个反差。在用这个句型写出内容后,可以先自检,看是否能吸引自己。

（2）发问式。

常见的发问式有两种，一种是自问自答式，多用句型："怎么……不要……"多用于冷知识分享类视频中。

比如，有着209多万粉丝的"旭哥讲英语"，他分享的某条英语类冷知识的视频，视频开播时屏幕上就出现这么一行字：

"老外怎么回答Thank you，不要再说You are welcome了！"，大家看了开头会惊呼，什么？从小的课本里就是这么回答的，甚至是我唯一的答案，你告诉我这不地道，那我一定要看看你能怎么说。然后就会看到旭哥用情景演绎的形式，给出了几种老外回答Thank you的方式，整个视频生动有趣，除了收获百万点赞，评论区里的人们还会来场抬杠，大有你说不要、我偏要的气势！有条高赞评论是这样写的：

您说的我都能记住，但老外一和我说Thank you，我还是会条件反射地回答You are welcome。

利用这种自问自答的发问式开头，还能增加留言互动，你学到了吗？

另一种发问的形式是疑问式，常见句型如："你知道最……的是……吗？"与陈述式中的句型类似，会加上"最"来突出描述对象的价值，而这里用疑问的方式，与用户的互动感会更强。比如"能力者慧慧"拥有490多万粉丝,她的视频多数是用情景剧演绎来分享职场知识,下面来看她的一条高赞视频。

老板严肃发问:"面试的最后一个问题,世界上最难回答的问题是什么?",主角慧慧特别镇定地回答:"我和你妈同时掉进水里,你先救谁?"老板回了:"漂亮。"然后接着问:"那最最难回答的问题又是什么呢?""终极难回答的问题是什么?"……

整个视频轻松幽默,从一开始,用户就会被"世界上最难回答的问题"吸引住,加上创作者后续又抛出多个问题,为了找到答案,用户自然会看到结尾。也因为答案是千人千面,所以很多人乐于在评论区展开讨论,或是转发给朋友一起讨论。这条视频,目前收获201.2万点赞、4.9万条评论以及3.6万次转发。

另一个疑问式的常见句型如:"在……里,有哪些实用的……"比如,拥有百万粉丝的"职场A姐"在一条视频的开头直接抛出问题:"Excel里,有哪些实用的1秒操作呢?"然后A姐分享了几个万能的一秒操作,特别吸引眼球。这里的重点在于"1秒",对于技巧型的知识分享,给出一个较短的学习时间,会降低大家去学习这项技能时的心理成本。摄影教学的头部博主"蔡仲杨手机摄影",常用的开头会加上这句话:"几个小技巧分享给你",这里的"几个",同样降低了大家对干货的心理接受度,大家觉得我只要掌握这几个就可以,不会太复杂,所以会更愿意把视频内容看完。

总结一下,做知识分享类的账号,可以利用下面这两种方式搞定黄金3秒:

(1)陈述式。常用的句式结构如"最……的……",比如"最容易读错的9个英文字母","灰姑娘是迪士尼地位最高的公主",利用"最字组合"吸引用户观看。

(2)发问式。常用的句式结构如"怎么……?不要……!"利用"不要"的自问自答式做科普;"你知道最……的是……吗?"利用疑问拉近亲切感;"在……里,有哪些实用……"用很短的学习时间来呈现教程的实用性。

学会这两种方法,利用好奇心,或是直接亮出知识的实用性,都能吸引用户把视频看完。

2. 段落结构

知识分享类的账号,常见的段落结构有两种,一种是逻辑结构,常常是分点对主题进行阐述,又或是呈现使用不同方法获取的结果;另一种是时间结构,即完整呈现如何做,可以呈现手把手分享知识的效果。

(1) 逻辑结构。

逻辑结构，常用1、2、3……对视频内容进行分点描述，这样看上去更为清晰。

比如前面提到的"人类知识采集员"的这条有着百万点赞的"好莱坞史上最强女团，迪士尼公主竟然有这么多不为人知的猛料！！！"便是用这种方式，看一下它的文案：

① 好莱坞第一女团，灰姑娘是迪士尼地位最高的公主，公主女团101的C位，因为创始人华特·迪士尼最喜欢她。

② 公主们大都出身悲惨，亲生母亲很少出场，原因是创始人的母亲意外离世。

③ 木兰是第一个没有成为公主的迪士尼公主，别的公主要么出身高贵，要么就嫁入了皇室。

④ 官方盖章的14位公主，有8位未成年，不少王子活在现在是要被判刑的。

⑤ 有3位戴手套的公主，分别是灰姑娘、贝儿和蒂安娜公主，她们是嫁给王子后才成为公主。

⑥《公主与青蛙》播出后，有50多名儿童感染沙门氏菌，因为他们亲吻了青蛙。

⑦ 睡美人是台词最少的公主，只有18句，她在电影的大部分时间里都睡着了。

⑧ 白雪公主、灰姑娘是傻白甜人设，只能等待王子拯

救,艾莎公主"女王范"十足,王子开始沦为配角,人物设定见证了女性主义的觉醒。

⑨ 迪士尼公主的 80 年历史,是世界全球化的进程,也是美国软实力输出最成功的案例。

下期讲艾莎公主为啥一直单身,敬请期待。

可以发现这个 1 分 02 秒的视频,讲述了 9 个与迪士尼公主相关的爆料内容。需要注意的是,每条陈述的字数控制在 30~40 字最佳。

另外,对于初学者,在拍摄这种视频的时候,不要讲解这么多点,讲最精华的 1~3 点就好,这样可以使视频的时长缩短,从而提高完播率。短视频的重要数据指标之一是完播率,完播率越高,进入更高曝光率流量池的概率就会越大。

再看一个例子,"yb 大叔"的这条"边旅行边拍照,终于找到脸被拍黑的原因啦",讲了日常拍摄时常用的三种拍摄角度:第一种,逆光拍摄;第二种,侧光拍摄;第三种,顺光拍摄。视频对比了这 3 种拍摄的不同效果,最后告诉大家,要想把自己的脸拍得柔和,建议使用测光拍摄。这里就只讲了 3 点内容,视频长度适当,也给大家把问题讲清楚了,视频收获了 130 多万的点赞。

(2)时间结构。

另一种段落结构是时间结构,这种结构可以直观地呈现一个作品是如何被创造出来的,直接把步骤梳理出来告诉用户,方便用户理解。

比如,"剪映教学"的这条目前收获173万赞的"这个你们要是学不会,我就把手机吃了,哼,讨厌",整个视频的文案是这样的:

这个你肯定喜欢:1.道具选择:发光画笔;2.再把手机放桌上;3.添加天使光芒特效,看成品。

这条视频只有29秒,利用时间结构,依次介绍了制作发光特效的3个步骤,最后进行了成品展示,便于用户模仿学习。

又如摄影教学领域的"马大叔"的这条标题为"10秒教会你制作偷影子的视频,快安排上"的视频,开头用"10秒教会你制作偷影子的视频"引入,紧跟上的文案是这样的:

拍一段伸手拿走瓶子里的花的视频,打开剪映,导入拍好的视频,在视频开始的位置点击定格,删除后面的视频并调整定格画面的时长,点击画中画,再次导入视频,放大视频与边框对齐,点击蒙版,选择线性,移动蒙版到只显示影子的位置，并调整羽化值，最后加入喜欢的音乐和字幕，导出看看效果。（最后放上视频成品。）

这条视频将每一个步骤都呈现了出来，像这种步骤讲解得特别细致的情况，可以隐去步骤1、2、3的连接语，每个步骤都是动词短语开头，字数控制在15个以内。

这条视频最终收获了154万点赞、3.8万的评论以及11.7万次转发。

对于知识分享类的短视频，有两种常见的段落结构：

（1）逻辑结构。常用1、2、3……划分，来保证内容的逻辑感，每一点的陈述控制在30~40个字。

（2）时间结构。直接给大家呈现创作的步骤，可以给出步骤1、2、3……也可以隐去数字标注，每个步骤的字数尽量控制在15个以内。

开始学习拍摄时，选择的点不要太多，视频时长控制在15~60秒之间，时长越短，完播率会越高，这样更容易做出爆款短视频。

3. 爆点设置

对于知识分享类视频，千万不要忽视爆点设置。前文反复强调的"爆点即是评论点"将其应用到知识分享类的视频创作中，有以下4种常用方法。

（1）对比法。

对比法特别适合知识分享类的视频，因为知识学习的过程，大部分人都是一种从 0 到 1 的转变，视频可以去展现学习前有多差，凸显学习后有多好，利用好坏进行对比。

比如"VIPKID 外教英语"的这条"最易读错的 9 个英文字母"，整条视频就凸显了在不了解正确发音前，口音有多么糟糕。看评论区就会发现，前 4 条的高赞评论都是在吐槽开始的发音：

你认真的？女生。（7100 点赞）

这英语是非洲学的？（6000 点赞）

我没读错，是这个女人在搞事。（5300 点赞）

这女的英语怕是自己幻想出来的吧。（3100 点赞）

这便是通过放大初学者做得不好的点，与学习后的效果进行对比，设置爆点引导用户评论。

另一种方式是放大学习后把事情做好的效果，来凸显"干货"的价值。比如摄影教学领域的"李香香爱拍照"的这条"给大家分享一些我常用的神仙滤镜参数，真的巨巨巨巨好用"，就分享了几组调色前后的照片，调色后的照片特别好看。大家会觉得这个滤镜参数真的很实用，我要收藏起来。这条视频最终收获了 214 万点赞但其粉丝数才

30多万。可见用对了爆点设置，即使粉丝数不多，也可以做出爆款短视频。

还有一种方式，是对比不同的人完成的作品，此类对比会成为爆点，是因为大家会自发地对比这些作品的效果，评论自然不会少。比如有着百万粉丝的"程序员小林"就拍摄了一条标题为"三月的你看樱花了吗？"的视频，视频中先展示了"小朋友用代码写的樱花"，然后展示了"我用代码写的樱花"，她想告诉大家，她写的樱花比起小朋友的，更能传达出樱花的美丽。这条视频评论达3.7万条，转发2.0万次，点赞量也有123.3万。

（2）段子法。

段子法，顾名思义，就是将能让大家产生共鸣的段子安插在视频之中。

比如，一提起PS，被大家调侃很多年的段子是：有甲方对设计师说，你的PS不专业，我要你用Photoshop，或者Adobe Photoshop。其实这几个词描述的都是同一个软件，前者是后两者的缩写。如果你要分享Photoshop小技巧，在标题上一定要用PS，然后在视频中展示的软件用全称"Adobe Photoshop"，一些和甲方有相同困惑的人就会留言吐槽，又或是听过这个段子的用户也会愿意评论。

举两个例子。办公软件领域的"设计师Erin"的这条有着 56.9 万点赞的"PS 揭秘之文件变清晰",在标题中亮出关键词 PS,然后视频中出现"Adobe Photoshop",给大家示范了文件如何变清晰,但其实他的示范并不重要,因为大家的关注点都在"PS 不专业,不行,用 Photoshop 才是专业的""Photoshop 还是不够高级,要用 Adobe Photoshop"上。再如"PS 小师哥"分享的这条"很多人下载了 PS 都不知道第一步该干什么?"也是类似的展示方法,评论区的高赞评论有:"我装的是 Adobe Photoshop,你教我 PS 设置?""我一直以为 PS 是 Photoshop 的简称,还是我理解错了""这是一个梗"。所以,做知识分享的视频,利用段子法,也就是直接设置好了梗点,吸引用户参与评论。

再举个例子,大家平时拍照的时候,特别爱说的一个段子是:拍的好看的,和技术没关系,你只要不露脸就好。比如"蔡仲杨手机摄影"发布了一条视频,告诉大家,如果你觉得自己拍出来的照片普通、没张力,可以试试这几个小技巧,然后他分享了几个小技巧,照片确实变好看了。不过大家发现他在使用这几个小技巧的时候,照片中的人都没有露脸,所以大家纷纷留言:"总结一下,就是别拍脸就对了""就是不露脸,都好看""看不见脸就好看"等,都是围绕"好看的照片不露脸就好"的段子展开,这条视频最终收获了 170.4 万个点赞、5.3 万条评论和 13.0 万次转发。

平时可以在微博、知乎等平台，搜索一些和自己账号领域有关的段子，在拍摄分享知识干货的视频时，结合这些段子，可以让视频更容易成为爆款。

（3）抱大腿法。

还有一种方法叫作"抱大腿法"。一些刚起步的账号，对于用户需求的把握可能没那么准，这时千万别忽视"大腿"的作用，这里的"大腿"是指热歌、明星以及名著典故等，这些内容本身就吸引了一大批粉丝，如果能把这些"大腿"和自己的视频内容结合好，就很容易做出爆款短视频。

苏打绿有一首传唱度特别高的曲子叫作《小情歌》，其中的一句台词"就算大雨让整座城市颠倒，我会给你怀抱"萦绕在很多人的心中。抖音"北极星"有一条视频，只有18秒，镜头从马路上雨水里的马路倒影开始拍，倒影里是黄昏下的被橘黄色包围的树木，然后镜头慢慢转正，而背景音乐正是这句"就算大雨让整座城市颠倒……"这样的景色搭配这句歌词，用户纷纷被触动，感叹"大雨让这座城市颠倒原来是这个意思"。

再如，抖音博主"造梦师晏子"的这条收获了百万点赞的视频"全抖音吐槽最多的主题，今天我要重新挑战,满意吗?"从开篇就抛出了爆点:"白雪公主"这个主题,难度比较大,我们今天来挑战一下。这里的"白雪公主"就是它的爆点,童话人物原本就有一定的粉丝基础,无论视频拍得好还是坏,大家都会乐于在评论区写下自己的见解。看一下评论区,因为他这条视频拍得好看,大家还帮他把后续的主题都安排好了,比如"拍一个玛卡巴卡不过分吧!""跟我一起喊:美人鱼、美人鱼",用户留下的这些名字也都是著名的荧幕角色,这就是蹭热点的魔力,可以引爆评论区。

还有如"达芬奇学长"的一条百万赞的视频,"十五秒教会你制作超火的少年成长视频",除了利用当时很火的歌曲《少年》中的那句"我还是从前那个少年,没有一丝丝改变",更重要的是,在示范如何制作的过程中,使用的是彭于晏的照片,无论是彭于晏小时候的可爱,还是长大后的硬汉气息,都特别圈粉。正如评论区的高赞的评论所说的:"要不是因为彭于晏我不会看到现在",足以证明明星的流量魅力。

(4)新奇法。

新奇法是指用非常规手法来表现一些常见物品,借此刺激用户的方法。下面举几个例子,帮助大家理解这种方法。

比如定位于摄影教学的抖音博主"叫我阿坤"目前只有11.6万粉丝，正是用了这个方法，拍摄出了点赞破百万的视频。这条视频的标题是"我好像发现了饼干里的秘密"，8秒的视频告诉大家，用普通的iPhone手机，加上饼干上面超小的孔洞和夕阳，就能拍摄出"木星上行"的场景。这里的饼干是我们日常都能见到的物品，但是利用上面的小孔进行创作，就是非常规手法。大家惊喜于这样的搭配，留言道："为了学你拍照，我买了保鲜膜（筒），饼干，还有一桶奶粉""饼干：我这一辈子值了""你等会一口把木星给吃了"，这些都是在围绕饼干做出的评论。

再如，"阳阳（手机摄影）"这条"下雨天试试这样拍励志大片"，博主示范了三个场景拍摄，其中反复出现的物品是自己的鞋：正面奔跑时踏水花的鞋、大步横跨镜头里巨大的鞋、跨越后深深浸入积水中的鞋。可以说她是在教授这样的拍摄手法，但是最终大家的焦点都聚集到了她的鞋子上，一如评论区的留言："请问小姐姐你鞋子进水了吗？""拍这种视频真的太费鞋子啦""我绝对不会让我的'匡威'做这么危险的动作"。这条视频目前评论数达3.8万，点赞数达123.3万，转发数达3.2万。如果没有把鞋子用新奇法去呈现，相信不会有这么好的效果。

有着百万粉丝的"贝贝手机摄影"拍摄的这条"你们那里有油菜花开了吗?"目前收获195.5万点赞,同样是利用新奇法设置了爆点。视频教大家如何用手机拍出不一样的油菜花,结尾处附上拍好的成片。镜头里所展现的油菜花和别人拍摄的很不一样,因为这个视频的拍摄视角比较特殊。评论区的高赞评论是这样的:"好好的油菜被你弄成了参天大树""这要是手机拍出来的,我把油菜花给吃了"等,这视频同样也是用新奇法来设置评论爆点。

回顾一下,对于知识分享类视频,常见的爆点设置方法有四种:

(1)对比法。对使用视频分享的方法的前后效果进行对比。如"最容易读错的9个英文字母"就给出了特别糟糕的发音示范,和后面的清晰示范形成对比,利用这个对比带来的强烈反差吸引用户。或是对比不同人学习后的作品表现,如"程序员小林"将自己的作品和小学生的进行对比,从而引发大家评论。

(2)段子法。查找和选题相关的段子,结合知识分享进行创作。比如利用"PS 和 Adobe Photoshop 是一个东西"这个梗点,"设计师 Erin"以及"PS 小师哥"都做出了爆款短视频。

（3）抱大腿法。热门歌曲、明星、影视人物等自带流量，特别适合作为爆点素材。比如人像摄影师"造梦师晏子"就抱了经典童话故事的大腿，拍摄了以"白雪公主"为主题的视频。

（4）新奇法。把日常生活中常见的物品用新奇的手法进行呈现。比如利用食用饼干上面的孔加上日落和相机，就能创造出"木星上行"的美好画面，这里的饼干便是"叫我阿坤"利用新奇法创造的爆点。

学会利用对比法、段子法、抱大腿法以及新奇法来创作知识分享类的视频，相信一定可以让你的视频在万千视频中脱颖而出。

4. 白金结尾

千万别忽视视频结尾，互动式、共鸣式、反转式结尾，无论哪一种，都能给视频锦上添花，下面介绍如何做好知识分享类视频的结尾。

（1）互动式。

知识分享类视频用互动式结尾，引导用户点赞、评论或者是关注，有利于提升视频的数据表现。

比如教育领域有着200多万粉丝的"旭哥讲英语"在视频结束时，旭哥通常会来一句"给老师点个赞呗"，同时在评论区也会留下自己的评论"谢谢大家点赞"。在这条有着百万点赞的"老外怎么回答 Thank you？不要再回答 You are welcome！"中，旭哥就用了这种结尾，可见大家对这种求赞式互动结尾的认同。如果视频中有黄金 3 秒、有爆点，再加上互动式的求赞结尾，大家会乐于点赞表示认同。

结尾还可以引导用户评论，比如"炸机开箱"这条标题为"这还是你童年里的样子吗？我看的怕是假的动画片？"的短视频，视频中介绍了一些可能会颠覆你认知的冷知识，比如开始介绍的一个例子是"海绵宝宝的英文名叫 Sponge Bob，有一期的海绵宝宝的签名就是 SB……"接着介绍了哆啦 A 梦、山治的冷知识，再到结尾处提及了黑猫警长，文案是这样："黑猫警长，其实是有名字的，而且非常的霸气，那你们知道他的名字叫什么吗？"评论区中大家的回答特别踊跃。

另外，还可以利用互动式结尾引导用户关注。间接引导方式是利用"下期预告"来做噱头，吸引用户。比如有着 300 多万粉丝的"人类知识采集员"，每条视频的结尾都会加上一个"下期预告"，但是这个下期一般都不会来，不过这不妨碍大家觉得下期的内容特别吸引人而关注他。比如这条有着百万点赞的"好莱坞史上最强女团，迪士尼公主竟然有这么多不为人知的猛料"，在介绍完 9 个迪士尼公主的猛料之后，结尾是这样的："下期讲艾莎公主为啥一直单身，敬请期待。"评论区位列第一有着8.3万点赞的评论就是针对这个下期内容的吐槽"艾莎一女王要啥配偶，城堡建着不好玩啊？"

当然也可以使用互动式结尾直接引导关注。比如职场教育领域的抖音博主"泽宇"目前已收获百万粉丝，他的视频结尾总会带上一句"在创业做副业，先找泽宇学商业"。如果你像"泽宇"一样，给到用户的干货足够精细化，而且有背书，有一定的社会认可度就很适合在结尾处告诉用户关注你之后可以得到的价值，这也是特别有效的涨粉手段。类似地，知识类的头部账号、有着700多万粉丝的"人类观察所"给用户提供有价值的论点、定律，其视频结尾处一般都会加上"关注我，一起好好生存"。

（2）共鸣式。

如果你的分享和心理学、情感、个人成长知识相关，则特别适合使用共鸣式结尾，通过升华视频主题来打动用户。

比如做情感类知识分享的"周小鹏"目前有313万粉丝。她的一条关于爱与失望的高赞视频，讲述了这么一个故事：

有一对情侣，在他们结婚的第一天，新娘拿着一个瓶子，对着老公说，从今天起，你每让我哭一次，我就会往瓶子里放一滴水，代表我的眼泪，如果这个瓶子满了，我就会收拾东西离开。突然有一天，他们发现瓶子里的水过半了，于是他们决定坐下来好好聊聊……姑娘说了很多，男孩沉默了，他没有想到，生活里有这么多他所忽视的小事，在慢慢地一点一点让人死心。但紧接着，姑娘又开始往瓶外慢慢倒水，一边倒，她一边说，这啊，是你在下班路上给我带了最好吃的蛋糕；这啊，是你在我心情不好的时候，努力讲笑话安慰我；这个呢，是你周末早起，给我做的早餐；最后啊，这个瓶子里，一滴水也没有了。我想说啊，失望是真的，但爱你也是真的。

结尾最后的这句话一下子道出了故事的真谛：关于婚姻里的失望和爱情。正如评论区中的高赞评论描述的"失望攒够了，就会悄无声息地离开了……女孩的心思是敏感细腻且脆弱的！容易伤心，更容易满足，因为爱，因为会竭尽全力地爱……"特别戳中大家的泪点。

还有像"世界档案之最"发布的这条有着67.1万点赞的"世界上最穷的富翁（下）"，接着上集讲述了亿万富翁葛伦从零开始创作的故事，在这个故事尾声，葛伦虽然没有实现一开始制定的用100美元的启动资金赚取100万美元的目标，但是他赚到了75万美元，也是特别令人钦佩的,所以在视频最后,用了这样的一段话作结尾:"节目中,他一直坚信自己能赢,从来没有放弃过,哪怕不能,也要用尽全力去争取。"这直接点出了葛伦对金钱的强烈渴望,才创造了各种机会去全力争取,吸引大家纷纷点赞、评论、转发。

又如"古早森林"发布的一条视频,利用温柔的嗓音搭配有质感的风景视频,短短的24秒视频,收获了200多万点赞,它的文案是这样的:

很喜欢村上春树的一句话:不必太纠结于当下,也不必太忧虑未来。当你经历过一些事情以后,眼前的风景,已经和从前不一样了。人生没有无用的境地。只要我们一直向前走,天总会亮。

最后的这句话,引起了大家的共鸣,大家都把感悟留在了评论区:

结局总是好的,如果不好,说明还不是结局。
仅一夜之间,我的心竟判若两人。
天会亮的,没有太阳也会亮的。

(3) 反转式。

反转式结尾带来的出乎意料的结局,往往可以让大家在哈哈大笑中顺手完成点赞、转发和评论。

比如有着 1200 多万粉丝的"胖超说艺考",是教育领域的头部账号,反转式结尾是这个账号经常使用的方法。

有条标题为"紧张的考试又开始了!"的视频讲述了一位学生在艺考现场的才艺展示,学生还没开唱,其中一位监考老师特别得意地说:"我学生。"然后学生非常认真地开始演唱,结果破音破出了天际。另一位监考老师曾老师听不下去了,直接示范,学生跟唱,还是一如既往的难听。他的老师坐不住了:"你高音怎么学的?"学生很诚实,"老师你教我的。"老师中气十足,让曾老师帮自己起个调,结果一开口,大家发现了真相,这破音破得有过之而无不及。

又如,职场领域的头部账号"能力者慧慧"发布了一条点赞 130 多万的视频,标题为"你们在公司都怎么抖机灵的",视频讲述了慧慧帮老板订机票,结果发现订错日期了,按照这个情节发展,慧慧是一定要被老板骂得狗血淋头的,结果慧慧抖了这样的机灵,捏造了另外两件情节更严重的事件,和订错机票的事情一起告诉老板,当老板怒气冲冲地说出,"除了机票订错我能忍受,其余我都忍受不了"时,故事的发展就这么被反转了,大家纷纷点赞、评论、转发。

有着千万粉丝的"51 美术班"是教育领域的头部账

号，其视频也经常使用反转式的结尾。比如一条只有15秒的视频，标题为"美术教室处处有惊喜"，视频开始，老师开门走入美术教室，发现地上有个巨大的黑塑料袋，非常牛气地吼道："东西怎么天天乱扔呢？"老师准备拎起袋子拿去丢掉，这时候反转来了，一位女同学从袋子中蹦了出来，视频便在同学们的笑声中结束了。这条视频目前累计215.2万点赞、4.2万次转发、5.1万条评论。

创作知识分享类的短视频，可以用三种方式结尾：

（1）互动式。利用互动吸引点赞、关注，或者直接在结尾对用户提问，引导评论，比如"炸机开箱"在结尾处问用户是否知道黑猫警长叫什么名字。

（2）共鸣式。用有感染力的内容，进一步升华主题内容，比如"周小鹏"在讲婚姻故事时用到的这句"失望是真的，但爱你也是真的"，引发大家的共鸣。

（3）反转式。在结尾处呈现出和故事发展不同的走向，给用户惊喜感，比如"胖超说艺考"那条"紧张的考试又开始了！"结尾的神反转。

学会这3种方法，你就可以轻松完成知识分享类的结尾。

最后，同样用一张图告诉大家如何开始创作知识分享类的抖音短视频。

第 6 章 爆款内容结构：黄金 3 秒开头 +2～5 个爆点 +白金结尾

知识分享类短视频策划图

黄金 3 秒		
陈述式	"最……的……"	
发问式	"怎么……不要……" "你知道最……的是……吗？" "在……里，有哪些实用的……"	
建议字数	10~20 个字	

爆点内容		
常用段落结构	□ 逻辑结构 □ 时间结构	
常用爆点设置	□ 对比法 □ 段子法 □ 抱大腿法 □ 新奇法	
建议字数	逻辑结构：30~40 个字；时间结构：15 个字以内	

白金结尾		
互动式	"你知道黑猫警长叫什么吗？"	
共鸣式	"失望是真的，但爱你也是真的！"	
反转式	胖超说艺考	
建议字数	4~20 个字	

第 7 章

标题：如何取出千万播放量视频的标题

第 7 章 标题：如何取出千万播放量视频的标题

在抖音平台上，我们会发现一些视频看起来平平无奇，但是点赞量很高，这其中的奥秘就在于标题上，不要小瞧了标题这一句话，有些时候它决定了你这条视频能不能火。

下面会结合案例告诉你为什么要重视标题，以及取出千万播放量视频标题的 8 个方法。

开始之前，我们先来看一个案例。

有一条小视频，画面是酒店的餐桌，摆设高级，桌椅美观高档，没有人，灯光很暗，时长大概 10 秒。这样简单的画面，没有故事情节，没有推送爆款物品，甚至连转场切换镜头都没有，却有 51.8 万的点赞数。而视频作者的粉丝数只有 2000 多，作品数 56，点赞总数是 54.1 万。

这条视频为什么火了？"女孩子暑假工一定要尝试到高档点的酒店当一次服务员，在这里听到看到的比上一百节思修课都有用，酒桌上的丑陋面孔太真实。"凭借标题的这句话，这条视频火是正常的。

视频画面传递的内容远远不及这句话的内涵——以给女孩子提出建议的口吻，直面社会阴暗面。点赞数就是大众认可的证明。如果这条视频的标题是"这家酒店真高级真好看"，那么这条视频一定会"石沉大海"。

好的标题能激发大众强烈的认同感，点赞数会因此攀升。在抖音上，标题多在视频开始播放时出现，在信息流内容中，如果视频的标题足够引人注意，那么就赢在了起跑线上。

还有一条视频是这样的：一个妈妈在后面拍了三个儿子一起往前走的背影，就定在普通小区散散步的样子，场景很普通，没有经过制作，大概是原片上传，获赞数141.7万，评论数2.4万。而视频作者作品3，动态13，粉丝数2.1万，另外两则视频点赞数为35和171。所以推测这个博主的粉丝应该都是因为这条流量视频而来。如此高的点赞数，胜在标题给力："自从有了三个儿子，我就收起了我这暴脾气，看小区里有闺女的都像亲家，生怕未来儿媳妇对我印象不好……"

如果标题是"我的三个儿子有点帅"之类的语句，一定不会有该视频目前达到的热度。评论区"预定一个姑爷"等相关评论点赞数也很高。

好的标题能为视频加分不少，说不定你的哪条视频因为标题就火了，你也会因为这个标题涨粉不少。另外还有一些博主利用标题引起评论区的互动——"这如何缓解尴尬？""男生是不是都这样死要面子？"这种发问式标题不仅吸引用户看完视频，提高完播率，同时还吸引用户在评论留言表达自己对问题的看法,能提高视频热度。

标题在视频中有很重要的地位。好的标题不仅能使视频的内容变得丰富饱满,对视频内容做出解释,还能够激发用户的探索兴趣,也会提高评论区的热度从而带动视频互动率。

这里给大家介绍 8 种取标题的方法,简单实用,都是取标题的小技巧,希望能启发你的创作思路。

第 1 节
疑问法

疑问法标题通常是对视频内容的概括,可引起用户获知的兴趣。标题疑问的答案就是视频的内容。

那疑问法具体怎么用呢?……疑问词(比如如何、问问、知不知道、有没有)……+问号(?)

抖音上众多热门视频都用到了这个方法,比如:

"在婚后的日子里,该如何把持热恋时的浪漫?"(天下婆媳,126.5万点赞)

"每天照镜子出门前问问自己差点什么?"(陈靖川,117.8万点赞)

"猫到底知不知道自己有尾巴?"(一棵的财财,225.3万点赞)

关于疑问法，还有一个重要心法：要善于利用反常识。

如果只用疑问法，我们可以取出 80 分的标题，但是如果加上反常识的话，我们就可以取出来 120 分的标题！

比如"魔女月野"在 2020 年 5 月 20 日发布了一条视频，标题为"520 想给男朋友送个礼物，大家有没有好的男朋友推荐？"这条视频点赞数 185.9 万。

我们的常识是，520 想给男朋友送个礼物，这超级正常，怎么又让大家推荐好的男朋友了呢？这个标题给出了很有趣的信息，大家会特别想点进去看看有什么故事。

就像日常生活中，狗咬人没人在意，但是人咬狗大家都想知道为什么。所以，当我们提一个和常识相悖的点的时候，大家都会好奇，想知道为什么。

第 2 节
数字法

《人类简史》里面有一个观点:"人类大脑天生对数字敏感。"我们的大脑天生不喜欢太复杂的信息,而数字有利于简化信息,降低我们的接收和理解成本,相比文字,数字信息会比较容易触发人的潜意识。所以,在标题中加入数字后,更容易抓住用户的注意力,比如:

"就这个动作会做的人不超过2%"(武状元小耗子,253.1万点赞)

"99%的人都没看出来"(长白山:老万,72.1万点赞)

不过,这里还有个小提示:在使用这个方法的时候,找数字是关键,你的数字一定要夸张一点,让用户觉得震惊，让他有点开视频的冲动，想了解你到底要讲什么。

比如"武状元小耗子"的这条标题为"就这个动作会做的人不超过2%"的视频，大家就会很好奇：全世界不超过2%，那到底是什么动作？看了视频后，才不由佩服，不愧是"武状元"，用四个手指在单杠上做俯卧撑，确实牛，纷纷给他点赞。如果这条视频的标题不突出2%这个数据，吸引力就会大打折扣，这里的关键就是数字。

第3节
热词法

热词法是指在标题中融入热点新闻、流量热词、明星名字、品牌名字等。

iPhone手机上市期间,会出现"3招教你识别iPhone手机翻新机"等苹果手机相关视频;选秀综艺节目《偶像练习生》热播时,一个不太火的跳舞博主发与练习生舞蹈视频的合拍,左边为博主自己,右边为练习生,标题中以#练习生#吸睛,视频反响很好,点赞量破百万。

新冠肺炎疫情期间,中国的外交官们在国际舞台上展现的外交风采,不仅强有力地表达了中国态度,还吸引了一大批粉丝,大家亲切地称他们为"外交天团"。这四个字,在多家媒体的抖音号中出现,众多爆款视频应势而生:

"中国外交天团经典语录"(鹤浦青年,450.9万点赞)

"这个音乐不能少了我们的'外交天团'！欢迎关注！"（人民日报，984.7 万点赞）

"义正辞严，'怼'人不客气！2019 外交天团'霸气回应'合集"（一）（生活帮，1029.3 万点赞）

"网友频频被'中国外交天团'圈粉，他们金句频出，引起极度舒适！"（丹阳帮，167.7 万点赞）

生活节奏越来越快，及时性就显得更加重要。及时关注抖音热搜中的热点，并融入相关视频作品中，就能够提升视频热度。

第 4 节
俗语法

俗语法是指利用一些大家都知道的句子，延展出视频要表达的观点，重点是一定要押韵。我们来看一些例子：

"心里住着小星星，生活才会亮晶晶"（成都成都讲个故事，65 万点赞）

"男人的套路太深，要不是我反应快差点就认真！"（侯大鲜思密哒，117.6 万点赞）

"心若年轻又何惧岁月老去，愿你们青春不老岁月正好"（九头皮酱，106 万点赞）

俗语法其实是最省时的，又能让人读起来感觉很有意思。比如这里的"心里住着小星星，生活才会亮晶晶"，读起来朗朗上口，看标题就有一种温暖感，然后看视频，其分享了一个买藕砍价的温馨故事,大家被感动后,就愿意去点赞、评论和转发。

此外,我们也可以改编一些俗语中的关键词,比如:

"确认过眼神,奥哥是拉货的料"(米修 and 奥哥,147.6 万点赞)

"最终还是活成了自己讨厌的模样,又如你我,又何尝不是呢?"(辽宁星河文化传媒,52.3 万点赞)

利用前半句带给大家的熟悉感,引出自己的故事或者表达自己的观点,以此来吸引用户。

第 5 节
对话法

对话法就是假设你在和一个人对话,这个方法的使用效果非常好,我们先来看个例子。

"国+社区"发布的一条,标题为"隔离区供开水,却被想喝矿泉水的女子质疑'没人权',网友:有人心者有人权"的视频就是利用对话法,给出了对于视频中所要讲述的新闻的态度:"有人心者有人权"。

用好对话法,要把握两个关键:

第一,前半句是对问题的正常描述;

第二,后半句要给出一个有力或是有趣的回答。

在具体使用上,还可以将后半句的回答,变成一条视频内容,也就是用整条视频内容来做还击。比如抖音博主"争气的pp"发布了一条标题为"对普通女生说不,对绿茶该说什么?"的视频答案就藏在了视频中,使得博主的好男人人设又上了一个台阶,这里正是活用了对话法。

第 6 节
电影台词法

经典的电影作品中往往会有广为人传的金句,将某部电影的金句作为视频标题就是电影台词法。

2019 年上映的大热电影《哪吒之魔童降世》中哪吒吼出的那句"我命由我不由天!"唤醒了很多人身上不服输的干劲儿。游戏领域的抖音博主"小左"就用了这句话作为自己视频的标题,搭配上自己在游戏中的精彩表现,让网友直呼过瘾。凭借这条视频,"小左"收获百万点赞,涨粉数十万。

类似地,2019 年大热的电影还有周冬雨和易烊千玺出演的《少年的你》,电影中那句"你保护世界,我保护你"让万千少女爱上了易烊千玺出演的小北。游戏区的抖音博主"钢 q 小霸王"就以"你保护世界,我保护你"为标题发布了一条视频，视频讲述了自己和游戏区的知名博主"一条小团团"一起打游戏的场景，全场"小霸王"保护"团团"成功上位，实力演绎"你保护世界，我保护你"，这条视频收获了50多万点赞。

第 7 节
好奇法

好奇法的小技巧是,把话说一半,以此勾起人的好奇心,比如:

"我们遇到了史上年纪最小的'自首'……"(十堰警事,1099.5万点赞)

"当你的狗子学会用马桶……"(环球萌圈,491.3万点赞)

"结婚后第一天,腊凤崩溃了……"(金财和腊凤,274.3万点赞)

这些标题都是把话讲了一半,引发大家好奇,像"十堰警事"发布的这条视频,其实就是讲述了一位小女孩打游戏,未经父母同意就花钱买道具,被父母要求到警察局自首的故事，能获得千万点赞，利用好奇法取的这个标题功不可没，大家会好奇，最小有多小，因为什么事情要去自首等。

如果你分享的是知识类的干货，使用好奇法还有一个小技巧就是结合数字，比如分享诉讼知识的"律师在线24小时直播"的这条标题为"记住三个电话，不会再有人欺负你了"的视频，首先大家会好奇，什么电话这么神奇，可以让我不再被人欺负？其次，标题中有数字"三"，大家不会觉得这是哗众取宠，便更愿意去看视频到底讲了什么内容。

在创作短视频的路上，要记得，好奇心不会害死猫，我们要多用好奇法来给视频增加爆款元素。

第 8 节
对比法

对比法是指把有强烈反差的东西放在一起,来表达强烈的情绪。

比如抖音博主"哥,我回来啦"拍摄了一条标题为"小时候常欺负妹妹,长大后总想给她最好的;期待妹妹回来时看到新房的样子"的视频就用到了对比法,很多女孩子看到了会特别羡慕有这样的哥哥,长大了以后可以这么宠妹妹的全能哥哥特别少见。在视频中,这位哥哥化身粉刷匠、木工、裁缝,将一间破破烂烂的乡间小屋打造成了公主房。普通的装修视频,加上哥哥对妹妹的态度转变,让内容一下子就变得特别了。凭借这条视频,账号收获了550 多万赞,涨粉 30 多万。

类似的优秀案例还有很多,比如:

"遇到喜欢的人要大胆出手,遇到渣男要大打出手"(江湖大妈,138.9万点赞)

"小时候的你VS现在的你,我到现在还没明白女生小时候为啥这样哈哈"(小李朝yc,199.9万点赞)

标题与内容形成对比,是提升作品质量的好方法,带来原本视频内容达不到的效果。

本章我们介绍了8个取标题的方法:

(1)疑问法。用这种方法拉近和用户的距离,要想出彩,还要记得利用反常识,比如"魔女月野"的"520想给男朋友送个礼物,大家有没有好的男朋友推荐?"

(2)数字法。人的大脑偏爱数字,推荐大家在标题中多用数字,数字法的关键在于要放上有看点的数字,比如99%的人都不知道、不超过2%等。

(3)热词法。关注时事热点,利用热词自带的流量,更容易做出爆款视频,比如多家媒体在标题中用到的热词"外交天团"。

(4)俗语法。可以对一些大家熟悉的俗语进行改编,关键在于押韵,比如"成都成都讲个故事"的"心里住着小星星,生活才会亮晶晶"。

(5)对话法。前半句是对问题的正常描述,后半句给出一个有力或是有趣的回答,也可以直接利用后半句的内容来创作视频。

（6）电影台词法。将电影中自带流量的句子用在标题里，特别容易火，比如游戏区抖音博主"小左"用的"我命由我不由天"。

（7）好奇法。通过把话讲一半来引起用户好奇。对于知识分享类的视频，还可以结合数字法一起使用，比如"律师在线 24 小时直播"的这条"记住三个电话，不会再有人欺负你了"。

（8）对比法。把有强烈反差的东西放在一起，传达出强烈的情绪，适合有看点的内容，比如"江湖大妈"的这条"遇到喜欢的人要大胆出手，遇到渣男要大打出手"。

大家可以在平时的创作中，用这些方法多取几个标题，看看哪种标题更受用户喜欢。

第 8 章

评论：互动给你的爆款加把火

第8章 评论：互动给你的爆款加把火

如果说短视频是一个世界，里面既有大V在经营他们的人设，也有普通人在抒发他们生活中真实的喜怒哀乐，那么一个个留言区就是这个世界中的一个个社区，社区里的人们围绕某一问题进行讨论。很多时候，人们看视频十几秒，但是看视频的留言却会看好几分钟。在社区里，人们不会感到孤独，不会感觉自己是一个异类，可以近距离和他人交流，去找到自己的同类。

第1节
给他人评论

"任青安"被称为"抖音美女鉴定机",因为他基本上只给美女点赞。

"任青安"的喜欢列表中基本上都是美女小视频,于是就吸引了喜欢看美女小视频的粉丝的关注,在粉丝看来,关注了"美女鉴定机""任青安"就相当于关注了抖音美女圈。

他的吸粉力超强,作为一个大叔,在他点赞的美女视频下,他往往会评论:"我已经关注你了"这样的话。于是大家对他的印象就是一个想撩妹的猥琐大叔。

他的评论虽然看起来简短没意义,但他只专注于一个类型,通过这种方式在用户心中确定了他的人设从而增粉。

抖音上还有一位年纪稍长的爷爷辈儿网红,他的爆红

第8章 评论：互动给你的爆款加把火

是因为他总是在美女视频下评论"美女今晚开直播，大爷给你刷游艇"之类的话。有时候别的用户会在评论区怼他"大爷您还是回家找大妈吧"。

这样一来一往的互动让大家觉得很有意思，也会有很多人觉得大爷这样的评论很搞笑，毕竟大爷已经一大把年纪了，但这样的评论却很吸引大家的眼球。

在评论时，我们也可以利用这种反差的形象来突出自己的人设，这样更容易让大家对你感兴趣，从而愿意去关注你。

成功的方式有千百种，你可以做视频营销自己，也可以通过留言点赞来塑造自己的形象。给自己更多角度的定位尝试，可以选择自己喜欢的方式表现自己，用适合自己的方式塑造自己，这是这个时代给我们的专属礼物。

人们形容爱情时总会说"你是无意穿堂风，偏偏孤倨引山洪"。这句话放在这里也同样适用。

你只是坦率地表达了自己的情感，点评了视频的内容，但是评论区中的小伙伴也许就被你说的那句话逗乐了、感动了、刺激了，于是点开了你的主页关注了你，你的粉丝就会越来越多。以这种方式增粉的账号不在少数，在自己或他人的视频评论区进行评论，利用具有自己人设特色的评论来获取点赞，是增粉和引流的好办法。

第 2 节
给自己评论

很多人都认为,自己发布一个作品后,评论是他人的事,只要作品好,自然会有人来评论。其实不完全是这样的,很多账号在初期没有那么多粉丝关注,就需要博主自己在评论区进行引导。

比如我在做"老马有点虎"这个账号的时候,发布的都是悬疑类的视频,就是视频到了最后忽然反转。在视频发布以后,我们就会"埋"一些评论,评论内容大概就是:

"什么?为什么这样?"

"看不懂啊。"

"谁能帮我解释一下。"

"???"

然后就会有很多本来不准备评论却好为人师的用户来

答疑解惑，这样评论就会越来越多。

总结一下，关于评论，要关注两个方面的内容：

一是学会给他人评论，可以像"抖音美女鉴定机"任青安一样，因为只给特定群体点赞和评论，而受到大家关注。另外，如果能抢占某一评论区的前排位置，也能给自己的账号吸引更多的主页点击量。

二是学会给自己的视频评论，和用户一起挖掘出自己视频的爆点。世界不是一个孤岛，学会和这个世界保持互动，就越容易找到用户需求和自我表达的交集，也就更容易产出好视频。

第 9 章

盈利模式：如何通过抖音变现

第9章 盈利模式：如何通过抖音变现

因为抖音的高日活，以及简单易上手的变现方式，越来越多人开始将发展方向转移到抖音短视频。无论是广告变现、电商变现、直播变现，还是私域变现、线下引流变现、出版变现，不同的创作者可以选择适合自己的方式来实现财富增长。

第 1 节
广告变现

广告变现,是指在抖音短视频中植入商家产品,商家给予博主一定的广告费。当账号有一定的粉丝基数或有一定影响力时,可以选择广告变现。常见的变现方式有两种:一种是通过官方平台或 MCN 机构等,另一种则是直接对接商家。

MCN 机构就是一个内容创作者矩阵,它可以帮助达人提高创作力、运营力和变现力。

在创作过程中,你可以考虑加入合适的 MCN 机构,助力自己成长。

另外,你还可以利用抖音的官方推广任务接单平台——星图平台来变现,其主打的功能就是为品牌主、MCN 机构和明星、达人提供广告服务,这个平台的盈利模式则是从成交的广告合作单中收取费用。

很多广告主会通过星图平台提出需求，平台会有专门的服务商来为广告主寻找、匹配合适的达人进行合作。

在合作前，星图平台会把遴选出来待合作的达人的粉丝数量、定位风格、接单情况、视频播放量和点赞量等相关信息提供给广告主作为合作参考。

如果账号的粉丝数超过 10 万，就可以在星图上以达人身份入驻，可以根据自己的时间和创作能力接单，一支广告视频的时长一般为 15～30 秒，对应的广告费根据广告商要求的时长、剧本人物、道具和场景等的不同而不同，一般最低都能有几百元一条，最高就没有什么限制了，十几秒时长的视频，报价几十万元、上百万元的都有。

当然，你还可以选择非官方的形式，直接和品牌方对接。如果你没有团队，是一个人在运营，这种方式有点耗费时间和精力。

如果账号是一个团队在运营，那我建议要有专人来负责商务。一方面，商务人员根据账号内容创作的特点去市场中寻找匹配的产品，与相应公司沟通广告合作；另一方面，当有广告主找上门时，商务人员要能给出与其产品相匹配的内容创作方案，在广告的形式、时长、广告费等方面与其进行谈判。

常见的视频植入广告包括：软性广告、冠名广告、贴片广告、代言广告等。

软性广告

含有软性广告的视频，多使用打动人心的文字和用户产生情感共鸣，一般来说视频进入煽情阶段，就是植入软广的最佳时机，这种方式将产品融入视频里，注重引导用户的转化。如果账号定位清晰，就很容易接到对应领域的软性广告，转化效果也会不错。

专门做美食题材的抖音博主会接一些与美食相关的软广，如橄榄油、厨房电器等。比如"贫穷料理"就专门在一期视频内容中，特别强调了他用的是哪一种橄榄油，结合美食场景，用户大部分会觉得毫无违和感，所以取得了很好的转化效果。

冠名视频

冠名视频是广告主为了提升企业和产品的影响力而采取的一种阶段性的宣传策略。综艺节目常用的冠名形式有：片头标版、主持人口播、演播室放置广告标志等，而在短视频行业，冠名通常体现为字幕鸣谢、添加话题、添加挑战、特别鸣谢等,这与软广相似,但是相比之下,冠名视频更强调广告主的品牌。

2019年"618"电商节,京东在抖音上冠名发起了一期抖音挑战赛:"抖出你的家乡味",该活动一共有40.2万人参与挑战,获得了超7.4亿的播放量,这让京东成功抢占了电商营销的"C位"。

冠名广告的成本比较高,一般都是行业巨头才有实力去做这样的宣传。对于抖音博主,一定不要错过这种曝光的机会,参赛不仅可以得到挑战赛以及冠名的奖励,还有丰厚的流量扶持,特别有利于提高个人账号的曝光量。

贴片广告

贴片广告指的是在视频片头、片尾或插片播放的广告。贴片广告是创作者制作成本较小的一种广告形式,最常见的是放在视频结尾,时长为5~10秒,不会影响视频原有内容,而且这种片尾植入软广的形式比较容易被用户接受,效果也比较好。

目前,抖音博主一般都采用这种贴片的形式接广告,一方面不会打乱自己视频的文案和节奏,另一方面也可以利用片尾的5~10秒给广告主的产品做足宣传。比如做北漂题材的抖音博主"羽仔"给西门子、肯德基做的广告采用的都是这种形式,其视频内容基本不受影响,大大方方地打广告。

代言广告

代言广告是指为某一款产品或某一个品牌代言,当然,这种广告形式要求账号有很大的流量。

比如爆火的"李佳琦"就成了很多大牌美妆的代言人,美妆商家有新的产品,就会邀请他来做一期案例视频,给粉丝进行推荐。

最后,要提醒大家,广告植入必须注意用户的用户体验。短视频的互动性很强,用户要求有参与感,广告商的产品是否正规、广告内容是否会影响用户体验等都是在变现过程中需要考虑的问题。

第 2 节
电商变现

电商，顾名思义，就是电子商务，可以称得上是互联网时代新型贸易模式的标志之一。电商产生于互联网时代，自产生就开始流行，至今都没有衰落的趋势。

一类电商与二类电商的差别主要在于购买的直接性。淘宝、京东等平台是一类电商，抖音等短视频平台是二类电商。在这种模式下的变现，就是二类电商直接跳转到一类电商平台。抖音目前作为一个入口，和淘宝、京东、网易等合作，为其导流。

当抖音账号的粉丝数大于 1000 时，就可以申请"商品橱窗"功能。点击"创作者服务中心"，再点击"商品橱窗"，然后点击"商品分享权限"，即可进入申请页面。之后出现"申请条件"页面，满足"发布视频不少于 10 个"

和"实名验证"两个条件即可申请。审核通过后，在个人主页就可以看见"商品橱窗"的入口了。

商品展示也就是"购物车图案"可以出现的位置有三个：视频播放页、视频评论区以及主页橱窗。

这种变现方式有三大优势：

第一，用这种软植入的方式，给消费者"种草"，激发他们的购买需求，转化效果好。

比如"西瓜麻麻"就以"三伏天不适合吵架……"为标题的视频做了这样的变现。视频场景是情侣吵架，女生要去购物，男生睡着了，女生说出门前不能忘记给他盖被子，然后打开电热毯，把空调温度调成30度，然后电热毯遥控器、空调遥控器、车钥匙、手机、男生钱包里的钱都被放进小包里，她背这个小包出门购物去了。

视频左下方就放上了"购物车图标"，大家点击链接就可以购买，由于视频没有直接推销小包包，而是以"三伏天不适合吵架"的方式，表现了小包包容量大能装东西的特点。由于故事讲得好，视频热度高，小包包的销量自然不在话下。

类似的案例，推荐大家看看"柚子cici酱"的视频内容，她推荐的每款产品都有不一样的故事内容，在故事中把产品的优点展示清楚，软植入不刻意并且吸引用户。

当然，并不是所有的物品推荐都需要故事情节串联才会奏效。有些直接描述物品特点、开门见山的介绍，也会被用户接受。这样的抖音博主其实就是直接告诉了用户，我就是来卖东西的，而视频就是为了让大家看看商品有多好。

比如"扬州言希电子商务有限公司"的一条视频："不要随便用这个哦，男朋友都忘记撸猫，整天撸我头发，抱着闻不松手……"同样，左下方有一个购物车标志"视频同款香香洗发水"。以"不要随便用"劝说用户来买这款洗发水，这也是电商推荐的一种方式。

第二，商品是第三方平台代发，无售前、售后、发货的烦恼，只要准备好推广的视频内容就可以。

第三，就算没有粉丝，依旧可以变现，商品的出单量与播放量有关，所以即使是刚刚开通的账号，也有可能上销量榜。

借助电商变现，抖音曾让多款商品火爆全网，比如佩奇手表带、蟑螂抱枕、自动泡泡机等。在账号的垂直领域内，选择相关的商品放入自己的橱窗中，更容易变现，大家可以尝试。

第 3 节
直播变现

从 2020 年开始,直播逐步走向成熟,与短视频形成了共生关系,我们需要关注这种新型关系下,直播变现的巨大潜力。

在抖音中开直播,一方面是抖音功能空间的拓展,为内容创作者提供吸粉的舞台,博主可以依靠才艺做直播。这类主播主要通过粉丝打赏进行变现。甚至连"睡觉"都可以成为博主的才艺标签。2020 年 2 月 10 日,95 后博主"谁家的圆三"直播自己睡觉,连他自己也没有想到,这样的直播可以让他一晚净赚 7.6 万元。

另一方面,通过直播,可以以最直观的方式展现商品的特点,从直播的时效性与交互性出发,可以最大限度地表现商品的个性与优点,这与淘宝开辟直播功能是同样的道理。

　　李佳琦与马云直播比拼卖口红，直播中李佳琦带货1000支口红时，马云只有10支的带货量。这个结果可想而知，李佳琦作为口红一哥，直播带货能力非常强，"Oh My God"经典语句刺激消费者群体，这个带货量只是正常水平。当然马云在这里的存在不是为了带货。马云出现在李佳琦的直播间透露出一个信号：抖音与淘宝的合作导流得到了决策层的支持，一类电商平台与二类电商平台的合作关系得到了认可。马云愿意来当"配角"，说明他对于李佳琦直播带货成就的认可，也对这种新型促销模式表示支持，充分肯定了新时期下直播带货的发展趋势与引航的可能性。

　　直播变现不容小觑，直播已经是每个博主不能放弃的阵地。

第 4 节
私域变现

你可以通过抖音,把粉丝引流到微信公众号、个人微信号、个人社群,转化为你的私域流量,之后你可以通过课程或是咨询进行变现。

课程变现

目前比较火爆的课程变现有两种形式:

一种是应用自己的技能制作视频,比如制作并发布"实用的 PS、PR 课程""手把手教你学摄影"等。同时,你可以在个人主页中放上个人微信号等联系方式,来吸引有这方面需求的用户联系你,从而实现课程销售。

这种变现方式受众较多,特别适合美妆、服饰搭配、健身类的课程。

这种方式很适合有专业知识、专业技能的学习型人才使用，这样能最大限度地为自己创造价值，成本低且受众多、收益高。

另一种是直接来卖"抖音如何快速涨粉"等抖音运营方法论类的课程。比如，在抖音拥有130多万粉丝的薛辉老师，他的抖音账号"薛辉小清新"的定位就是教授大家如何玩转抖音，个人简介也是一目了然："只传递运营方法，推荐运营工具，文件和课找助理……"他在建立IP的早期，是从"挑战365天，分享新媒体干货第×期"入手的，分享的干货内容始终围绕抖音展开，涉及不同行业、不同对象。我们前文提到过，利用这种"第×期"的形式，可以在粉丝心中建立稳定感，使其更愿意持续关注你的账号。

咨询变现

简书社区对咨询有这样的评断：咨询是商业模型和底层逻辑对接的产物。咨询的底层逻辑是让客户从当下状态进入到理想状态。

咨询变现对内容创作者的要求较高，在自身专业知识过硬的基础上，还应具备咨询师的素质。

比如抖音上拥有300多万粉丝的情感博主"周小鹏"，

她的主页上就显示了抖音官方认证的"心理咨询师",同时她把接受咨询的个人微信号放在了抖音账号的简介中。她深耕情感咨询行业多年,认真做内容,传递正向价值观,帮助无数家庭解决问题,才强化出她的人设:一个有温度、有态度、专业的情感心理咨询师。这样一来,她的粉丝都知道,有情感问题都可以来找她。

所以,一旦你可以和消费者对接成功,要利用好情绪牵引使其成为忠诚消费者,这样粉丝黏性会很高。如果有一位老师和我的交流,让我感觉很舒服,而且我觉得她的建议都很好,那么我会很乐意向她讨教,维持这种师生关系。找其他的咨询师,再次磨合学习模式与交流体验,成本太高,并不合适。所以,咨询变现是一种持久性的变现模式。

第 5 节
线上给线下引流变现

线上线下引流变现这种方式特别适合于线下门店或者是景区。

这种变现要从火遍全网的"西安摔碗酒"说起,和着《西安人的歌》的 BGM,端起一碗酒一饮而尽,然后酒杯落,尽碎,大快人心。十几秒的短视频上标注了门店位置,吸引众人纷纷奔向西安体验一把"摔碗酒",还带火了肉夹馍、毛笔酥等相关的极具西安特色的视频在抖音上传播,甚至西安当地政府与抖音官方还签订了战略合作协议,来推动西安旅游业的发展。

大家调侃这种变现方式的一个段子,是道出了抖音在这种模式下的妙用:自从看了抖音,想去西安喝摔碗酒,想去重庆坐轻轨,想去厦门吃冰淇淋,想去安徽黄山看云海，想去哈尔滨吃胡同里，想去青海看天空之境，想去郑州喝占卜奶茶，想去冰岛看北极光，想去稻城亚丁看朝阳，想去巴厘岛看恶魔的眼泪。

再有，头部旅行博主"房琪kiki"做的一些旅行Vlog，也会放上对应景点的位置链接，这样大家有需要，就会考虑沿着博主走过的路线再走一遍，感受视频中描述的诗情画意。

如果你有线下门店或是想推荐旅行类的产品，则可以考虑这种线上给线下引流变现的方式。

第 6 节
出版变现

出版变现方式是运营体系成熟后,创作者应用自身资质与经验写作、出版书籍,以售卖书籍为盈利方式的变现手段,是短视频运营后端的一种高效收益方式。出版变现对作者素质和发行条件的要求都比较高,同时带来的长期利润和整体收益也较高。

戴建业教授就这样做了。他在短短一周时间内火遍了抖音,其视频播放量达到了 3206.7 万,获得了 117.5 万点赞。这个有趣的老爷子在白发之年依旧精神饱满,抖音也给了戴建业教授结识大众、人气飙升的机会。戴建业教授"火"之前出版了著作《浊世清流:＜世说新语＞会心录》《无官一身轻,谁解陶渊明?》等,因为用户喜欢老爷子,对他讲的内容和故事感兴趣,所以也想看他写的书,抖音给了老爷子"推销自己"的平台和机会。戴建业教授"火"之后出版的著作也值得期待,《一切皆有可能》《假如有人欺骗了我》等预售作品因为其抖音人气火爆而未发行就有了"预订买家"。

戴建业教授是将自己运营的内容整合后进行出版。其实,抖音等短视频平台的操作知识也可以进行出版。"短视频"类书籍的出版就是将短视频领域的内容集合处理并出版变现的范例。

第 10 章

实用工具

第 1 节
文案类

百度指数

百度指数可以告诉你某个关键词在百度的搜索规模有多大、一段时间内的涨跌态势以及相关的新闻舆论变化，以及关注这些词的网民是什么样的，分布在哪里，他们同时还搜索了哪些相关的词。关注百度指数可以帮助你调整视频文案中的关键词。

网址：http://index.baidu.com/

易撰

易撰平台基于"大数据分析+搜索系统"，可以帮助你进行简单的文字创作。输入关键词，平台可以自动生成文案,特别适合新手写文案时使用。

网址:http://www.yizhuan5.com/

顶尖文案网

顶尖文案网,是全球顶尖创意的分享平台,以"启迪灵感"为核心,自2003年起便全面分享全球范围内最优秀的创意资讯。已经成为国内最受欢迎的文案、广告、创意以及设计、建筑、艺术等方面的分享网站。顶尖文案网立志成为越来越多创意人资讯补给、互动交流的首选平台,很适合抖音创作者在上面寻找文案的灵感。

网址:http://www.topys.cn/

广告门案例库

广告门案例库是中国广告传播行业领先的在线媒体及产业互动资讯服务平台。对于想要通过短视频带货的博主,可以参考这些经典的广告策划方案及文案。

网址:http://creative.adquan.com/

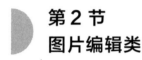
第 2 节
图片编辑类

PS

PS（Photoshop）是专业的图像处理工具，可以对图片进行编辑处理。在抖音运营中，PS 主要可以用来制作头像、账号封面、视频封面及插图等。

创客贴

相比于 PS，创客贴在操作上更加简单，直接在网页端就可以进行创作，而且该网站有很丰富的素材。在创客贴，用户通过直接使用模板，增添素材，就能设计出想要的图片。

网址：http://www.chuangkit.com/

图怪兽

图怪兽和创客贴类似,也是一个精简版的在线PS图片编辑器。

网址:http://818ps.com/

第 3 节
视频剪辑类

Adobe Premiere

Adobe Premiere，简称 PR，是专业的视频剪辑软件，简单易学。利用这个软件，可以实现视频剪辑拼接、美化调色、添加字幕等操作，帮助你完成高质量的作品。

Adobe After Effects

Adobe After Effects，简称 AE，它是一款功能非常强大的图形视频处理软件，属于后期软件。利用它和其余图像处理类软件，可以实现 2D 和 3D 合成，让作品达到耳目一新的效果。

剪映

剪映是抖音官方推出的一款手机视频编辑应用，带有全面的剪辑功能，支持视频变速、多样滤镜效果，且有丰富的曲库资源，方便新手使用手机直接进行视频编辑。

第 4 节
数据分析类

新榜

新榜是新媒体领域权威、有影响力的内容服务平台，平台上有抖音的资讯行情，想要关注比较火的抖音博主，可以直接看平台整理出来的排行榜。

网址：http://www.newrank.cn/

卡思数据

卡思数据是国内权威的全网视频数据开放平台，网站分为免费版、基础版、高级版和超级版，每个级别对应的功能不一样，级别越高功能就越多。

网址：http://caasdata.com

飞瓜数据

飞瓜数据是短视频领域权威的数据分析平台，提供抖音数据和快手数据等，功能很齐全，可以为创作者提供抖音热门视频、音乐素材，还可以监控抖音每日的数据变化以及热门话题等。不过，它的很多功能需要收费后才能使用。

网址：http://dy.feigua.cn/

TooBigData

TooBigData 是一个致力于分享各种社交媒体数据的平台，通过官方的数据爬虫，用户可以获取国内各大知名媒体的数据资料，如微博、豆瓣电影、淘宝众筹、东京商品、抖音等。针对抖音，在该平台可以看到视频播放量、评论量、转发量的排行等。

绝大部分数据可以免费查看，能满足一般的用户的需求。

网址：http://toobigdata.com/